Impressions de Guerre

1914-1915

(Fragments de lettres écrites à son père)

PAR

L. CALLISTE FAULONG

DOCTEUR EN DROIT

DIPLOMÉ DE L'ECOLE DES SCIENCES POLITIQUES

AUCH

Imprimerie Th. BOUQUET & Cⁱᵉ

Impressions de Guerre

1914-1915

(Fragments de lettres écrites à son père)

PAR

L. CALLISTE FAULONG ✳ ❀

Docteur en Droit

Diplômé de l'École des Sciences Politiques

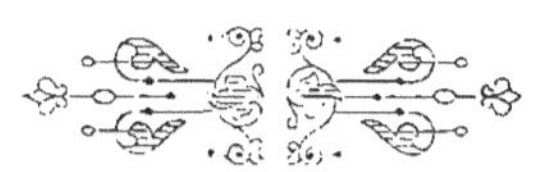

AUCH

Imprimerie Th. BOUQUET & Cⁱᵉ

AVANT-PROPOS

1914-1916

La Belgique, la Retraite, la Marne, Nieuport, Verdun. Le danger frôlé à chaque minute, la lutte continuelle avec la mort sous le fracas des obus et le sifflement des balles. L'éclat d'acier qui meurtrit l'homme ; le retour au foyer paternel avec la récompense acquise par le courage et l'abnégation déployée chaque jour.

1920

La grande faucheuse prend sa revanche.

Au lieu de l'avenir radieux, le néant.

La famille n'a pas voulu qu'il ne restât rien de celui qui fut une grande intelligence, un brave et loyal cœur.

En souvenir du disparu, elle a réuni quelques fragments de lettres de guerre où se retrouvent le patriotisme convaincu, le caractère ardent et l'âme fière du combattant de 1914-1916.

Que le lecteur ne cherche pas dans ce modeste opuscule, le livre écrit pour les foules.

Qu'il considère simplement ce petit ouvrage comme un souvenir de celui qui fut son ami.

Il retrouvera dans ces quelques lignes, l'image vivante de l'homme franc et généreux qu'il a connu, et dont la mémoire lui restera ainsi plus fidèle.

F. S.

Citations du Lieutenant FAULONG Léonce-Calixte

du 8ᵉ Régiment de marche des Tirailleurs

---

*Extrait de l'Ordre n° 34
de la 38ᵉ Division en date du 27 septembre 1915.*

A demandé à prendre le commandement d'un groupe de volontaires chargé d'une mission particulièrement périlleuse. Attaqué par des forces supérieures n'a pas hésité, pour regagner les lignes françaises à franchir, à la nage une rivière qui l'en séparait, et à réussir, grâce à son courage à ramener dans nos lignes tous les volontaires partis avec lui.

*Extrait de l'Ordre n° 132
du 36ᵉ Corps d'Armée, en date du 22 novembre 1915.*

Au cours d'un violent bombardement par engins et obus de tous calibres, par l'exemple de son courage et par son intelligente activité, à su maintenir haut le moral de ses mitrailleurs, et assurer leur action immédiate.

*Extrait de l'Ordre général n° 14
de la 38ᵉ Division en date du 27 Juin 1916.*

Officier de très grande valeur, faisant preuve en toutes circonstances de dévouement, d'abnégation et de froide bravoure, n'a cessé sous un bombardement des plus violents d'encourager par sa présence et son sang-froid les mitrailleuses de son peloton, et a pu ainsi, au moment de l'attaque ennemie, briser complètement l'élan de l'adversaire qui fut rejeté dans ses tranchées.

*Extrait de l'Ordre général n° 252
du 15ᵉ Corps d'Armée en date du 10 août 1916.*

Officier de mitrailleurs très brave, faisant montre

en toutes circonstances de belles qualités militaires. Blessé très grièvement le 18 juillet 1916, alors que sous un bombardement très violent par obus de gros calibre, il s'assurait en parcourant les tranchées, que les mitrailleurs de son peloton étaient tous prêts à entrer en action. Déjà cité trois fois à l'Ordre.

Extrait — Ordre n° 3.641 D.

En vertu des pouvoirs qui lui sont conférés par la Décision ministérielle n° 12.285 k, le 8 août 1914, le Général Commandant en Chef a fait, dans l'Ordre de la Légion d'Honneur, la nomination suivante :

Chevalier

A la Date du 11 Septembre 1916

M. Faulong (Léonce-Alexandre-Calixte) Lieutenant au 8e Régiment de marche de Tirailleurs.

« Officier mitrailleur très brave qui a fait preuve, en toutes circonstances, de remarquables qualités. Déjà quatre fois cité à l'Ordre pour sa belle conduite au feu. A été très grièvement blessé, le 18 Juillet 1916, alors que, sous un bombardement des plus violents, il parcourait les tranchées pour s'assurer que tous les mitrailleurs de son peloton étaient à leur poste de combat. »

La présente nomination comporte l'attribution de la Croix de guerre avec palme.

Au Grand Quartier Général, le 11 Septembre 1916,
Le Général Commandant en Chef,
Signé : J. JOFFRE.

ALGER, *le 14 août 1914.*

J'embarque demain à 4 heures avec le 8ᵉ tirailleurs à destination de la France. Notre régiment se concentre à Avignon pour être dirigé le plus vite possible sur la frontière, avec le restant des troupes indigènes qui s'y trouve déjà. Nous arriverons sans doute en pleine bataille avec la lourde mission, à ce qu'on dit, d'opérer la trouée, là où l'Etat-Major aura décidé de la faire. Personne n'ignore que les tirailleurs en raison de leur fougue et d'un certain mépris du danger sont des troupes essentiellement destinées à combattre à l'arme blanche : les Allemands en ont d'ailleurs une très grande crainte. le souvenir des turcos de 1870 n'est pas encore effacé de leur mémoire. Notre rôle est donc simple et tout tracé : marcher de l'avant coûte que coûte. Une telle tactique ne sera pas sans entraîner pour les tirailleurs, de très grandes pertes ; qu'importe, si le résultat final est acquis !

Je suis dans une compagnie, la 18ᵉ (5ᵉ bataillon) qui a déjà fait ses preuves. C'est elle qui était d'avant-garde au dernier combat si meurtrier qui a eu lieu au Maroc à la fin du mois dernier, entrainant pour nous une perte de *cinquante-six* tués et *quatre-vingt seize* blessés. C'est dire que je puis faire appel à toute mon énergie et à tout mon sang-froid pour me montrer à la hauteur de ceux qui ont déjà donné l'exemple de l'héroïsme véritable.

Non disponible, en raison de mes fonctions, j'aurais pu sans doute rester à Sfax, me contentant d'applaudir, spectateur bénévole, aux exploits du vieux sang gaulois qui s'apprête à couler une fois encore sans compter pour le triomphe du droit et de la justice. A mon âge, mon devoir était tracé d'avance, et il m'appartenait de courir comme tant de milliers d'autres au devant du reître teuton, l'ennemi de nos foyers et de notre génie.

Il eût été pour moi d'une singulière déchéance d'oublier qu'il est des héros dans notre famille, un 8ᵉ légionnaire de France décoré de la main de Napoléon et qu'un tel héritage de gloire et d'honneur ne se peut laisser perdre sans une irrémédiable flétrissure. Aussi. je le jure sur cette croix si noblement gagnée par celui dont je porte le sang, je ferai mon devoir jusqu'au bout, et le ferai de mon mieux.

Que son souvenir me donne le courage d'affronter le danger d'un cœur vaillant, et qu'animé de l'ardeur qui fut sienne, je coure à la victoire ou à la mort.

II

Le 17 août 1914.

Avons débarqué aujourd'hui à Cette, repartons demain pour la frontière.

III

LYON, *le 26 août 1914.*

Me voici dans la capitale des féériques tissus. J'ai profité de mes quelques heures d'arrêt pour visiter l'exposition qui est superbe, bien qu'inachevée. Le pavillon des soiries est une merveille qui défie toute description.

Nous partons ce soir à 7 h. 54. direction Dunkerque, où les Alboches préparent une nouvelle attaque pour trouver la route de Calais.

Le morceau sera dur à avaler pour eux s'il faut s'en tenir à l'allure des *cent vingt-six* gaillards que je conduis sur le front.

IV

AUX ARMÉES, *le 26 août 1914.*

Suis. jusqu'ici sain et sauf. ai pris part à violent combat. Rentrons à nouveau demain dans la fournaise. avons espoir et confiance.

V

LIMOGES, *le 19 septembre 1914.*

C'est de l'Hôpital de Limoges que j'expédie ma

missive. Je ne suis pas blessé, mais simplement malade : un épuisement assez intense, consécutif à une gastro-entérite et aux fatigues inimaginables que nous avons supportées. Nul ne saura jamais les privations endurées par l'armée d'Afrique et les épreuves auxquelles on n'a cessé de la soumettre durant et après cette retraite de Belgique, où nous avons pu sentir le vent de la défaite, passer sur nos têtes. Après les combats de Valcourt et de Presles, où des généraux, dont le nom sera peut-être cloué plus tard au pilori nous ont fait écraser inutilement par l'artillerie allemande, nous n'avons cessé de reculer à marches forcées tout en livrant les rudes combats de Ribémont et du 4 septembre. Certaines de nos étapes se sont déroulées durant trente-six heures atteignant le chiffre incroyable de *soixante-dix* kilomètres, marches insensées, effectuées au milieu des attaques et des surprises perpétuelles de la cavalerie allemande et de ses batteries volantes.

Aujourd'hui, que l'offensive est heureusement reprise, et que les hasards de la guerre semblent vouloir nous favoriser, il n'en reste plus guère des tirailleurs du 8ᵉ régiment. Sur *mille* hommes qui composaient le 5ᵉ bataillon, restaient à mon départ *trois cent vingt* ; sur *vingt* officiers, *cinq*, les autres presque tous tués.

Comment suis-je encore vivant ! comment suis-je sorti indemne des avalanches de mitraille dont nous avons été couverts à certains moments de nos périlleuses retraites d'arrière-garde ? C'est là une sorte de miracle qui me laisse encore tout étonné. Combien en ai-je vu tomber de mes hommes, tout contre moi, à droite, à gauche, en avant et derrière, fauchés par les mitrailleuses ou déchiquetés par ces effroyables mines que crachent les gros obusiers ! Hélas le compte en serait trop long. Pourquoi à Ribémont, où mon pauvre bataillon a été anéanti, ne suis-je pas resté couché dans les sillons avec les quelques cinq cent braves qui y dorment leur dernier sommeil ? Surprise et mystère du sort.

Si je dois sortir vivant de l'effroyable lutte qui se déroule à l'heure actuelle, je dirai bien haut les fautes commises, les lâchetés de chefs chargés de montrer l'exemple, les jours passés sans pain faute de ravitaillement, les médecins fuyant avec leurs brancardiers le champ de bataille. Certes, il y a eu des héros, notre race en sera toujours riche ; des chefs admirables, beaucoup même qui ont porté jusqu'aux plus hauts sommets le nom français. Mais il y a eu aussi de regrettables, de honteuses défaillances qui auraient pu conduire à l'abîme une race moins riche que la nôtre en trésors de vaillance, et dont tant de morts inutiles constituent la lourde rançon.

Nous vaincrons, j'en suis sûr. L'élan est donné, rien ne l'arrêtera. Pour moi, rétabli, je l'espère dans une quinzaine de jours, j'irai reprendre là-bas une place que je n'ai quittée qu'à regret. Si la mort doit venir, je tâcherai de l'y attendre sans crainte, ne souhaitant pas autre chose que de trouver en moi l'énergie nécessaire pour faire mon devoir jusqu'au bout.

VI

DÉPOT D'ARLES, *le 24 octobre 1914.*

Me voici dans la ville chère à Mistral sans que le soleil qui a vu mourir Mireille ait consenti à m'y accueillir ; il pleut à torrent.

Des « Miraïllô » retentissants aux senteurs d'ailloli ont beau interpeller dans la rue de jeunes enfants qui traînent dans le ruisseau, je ne puis forcer mon imagination qui refuse de se croire au pays de la douce Arlésienne et des farouches « gardians », des timides cigales et des taureaux fougueux.

Allons, tous ces symboles d'une poésie qui a d'ailleurs son prix ont besoin de tout le soleil de la
Provence pour ne pas faire passer Mistral pour un
illuminé et Daudet pour un fumiste.

Au demeurant, la ville tout entière respire par ses
vieux castels et la lèpre de ses maisons un franc
moyen-âge qui donne sous la pluie une insurmon-
table impression de grisaille et de tristesse.
Comme au temps des Barbaresques, ces lieux semblent une fois de plus reconquis par le Maure.
Tirailleurs, tabors marocains, goumiers, spahis,
sénégalais, emplissent les rues de leurs costumes
bariolés : n'étaient les maisons grises et les tuiles
rouges, ce n'est plus Arles, c'est Tunis, Tanger,
Fez, Rabat.

La quinzaine me verra de nouveau en explication
avec les brutes germaniques ; car trois cents tirailleurs sont partis hier pour le front et un second
détachement les rejoint dans quelques jours. J'ai
eu ici quelques pénibles nouvelles : un de mes collègues, adjudant de l'active a été tué le 29 septembre
à la tête de sa section : deux autres lieutenants ont
été mis également hors de combat, de sorte que les
cadres du 5ᵉ bataillon se réduisaient il y a un mois
à un capitaine et un lieutenant.

Aussitôt la date de mon départ fixée, je ne man-
querai pas de vous en avertir. Je ne doute pas un
seul instant que vous ne montriez autant de courage qu'au moment de notre si douloureuse sépara-
tion. Dites-vous souvent que je ne fais que mon
devoir strict, que je travaille avec tant de milliers
d'autres au mieux-être, et à l'avenir des touts petits
de ceux qui nous suivront : que si le sacrifice est
nécessaire, il faut savoir l'accepter comme je
l'accepte.

VII

ARLES, le *1ᵉʳ novembre 1914*.

C'est mercredi, que je reprends le chemin des

lieux trop célèbres où se jouent dans des flots de
sang les destins de la Patrie et l'existence de tous
ceux qui nous attendent au foyer sans joie. A l'heure
où vous parviendront ces mots, je percevrai peut-
être déjà le grondement lointain de nos rudes
canons, semant dans les rangs ennemis, l'effroi des
futures défaites et des réparations vengeresses.
Puisse leur voix éveiller dans mon âme le mépris
de la mort, le désir du combat, l'espoir des carna-
ges victorieux. Que mon bras soit fort combattant
pour le droit, qu'il soit sans pitié, châtiant l'assas-
sin, qu'il soit sans crainte, si le dernier sacrifice
doit être la rançon de notre gloire et de notre
triomphe.

Plus tard, lorsque les tous petits de la famille pren-
dront le chemin de l'école, lorsque les joies et les
prospérités de la paix refleuriront de la montagne à
la plaine et de la ville au hameau, parlez-leur souvent de nous, exaltez notre souvenir, que l'exemple
de notre mort soit la source féconde où ils puise-
ront le culte des plus pures vertus, celles du courage et de l'honneur.

VIII

Hondschoote, *le 9 novembre 1914.*

Débarquons aujourd'hui du chemin de fer en ce
lieu que la géographie fait français bien que fla-
mand de nom et de langage. Encore une étape et la
bataille se déroule toujours aussi acharnée. Les
nouvelles sont bonnes. L'ennemi recule partout.
Les soldats qui remplissent la ville nous donnent
d'horribles aperçus de la mentalité des «barbares».
Malheur à eux si les troupes belges entrent en
Allemagne. La vengeance sera digne du crime.

IX

Aux Armées, *le 15 novembre 1914.*

Pars dans un instant avec la relève pour les tranchées. La bataille est acharnée. J'accepte mon sort d'un cœur vaillant, quel qu'il soit.

X

Aux Armées *le, 25 novembre 1914.*

Suis sain et sauf après avoir rempli l'avant dernière nuit la périlleuse mission de reconnaître si huit cents mètres de tranchées allemandes étaient toujours occupées. J'ai été félicité, ayant réussi, mais deux balles dont j'ai senti le vent ont bien failli mettre un terme à ma nocturne expédition. Je repars ce soir pour les tranchées, puisse ma bonne étoile me protéger toujours.

XI

Aux Armées, *le 1er décembre 1914.*

Pour la troisième fois, je reviens encore de bien loin. C'est miracle que je ne sois pas ou mort, ou prisonnier. Chargé il y a deux jours de capturer si possible une patrouille allemande, j'ai passé pendant la nuit l'Yperlée à la tête de neuf hommes et suis allé tendre mon embuscade à cent mètres des tranchées ennemies. Un clair de lune malencontreux éclairant le paysage, j'ai dû être aperçu dans mon approche faite cependant avec des ruses de Comanche. Après deux heures d'attente, une fusillade épouvantable s'est abattue sur moi, durant que deux forts groupes d'allemands se dressant tout à coup à ma droite et devant moi, cherchaient à me couper la retraite. Ne pouvant regagner le ponceau, j'ai eu juste le temps avec mes hommes, les blessés y compris, de traverser l'Yperlée d'une brasse et de me jeter dans un fossé le long d'une ligne de saules. Nous avons regagné les lignes françaises à plat ventre dans l'eau et dans la vase pendant qu'une mitrailleuse nous arrosait d'une nappe de balles rasant le sol. Quiconque se fut mis à genoux eût été infailliblement tué ou blessé et pris.

L'avant-veille, seul volontaire de tout le bataillon, j'avais reconnu et fouillé six cents mètres de tranchées ennemies; les casques et documents prélevés sur les cadavres ont constitué de précieux indices pour le commandement. A la suite de ces faits dont je ne cherche d'ailleurs à tirer aucune gloire, je viens d'être proposé pour le grade de sous-lieutenant.

XII

Aux Armées, *le 7 décembre 1914.*

Je suis nommé sous-lieutenant à la date du 2 courant, en récompense de trois audaces qui auraient pu me coûter cher et dont je suis sorti indemne par miracle. J'avais été l'objet d'une proposition pour la médaille militaire, elle a été arrêtée en haut lieu comme tant d'autres ! Je déplore profondément de telles injustices pour mes camarades de l'active qui voient non sans découragement toutes les récompenses attribuées aux troupes métropolitaines souvent moins méritoires.

La vie que nous menons ici est un véritable enfer. Nos jours se passent dans l'eau glacée et les souffrances que nous endurons n'ont rien d'humain. On évacue à tout moment des tirailleurs avec les pieds gelés. Malgré cette misère physique nous combattons sans cesse et nous venons de fournir depuis deux jours un gros effort pour reprendre la maison du passeur (Yser).

XIII

Nantes, *le 21 décembre 1914. Hôpital Broussais.*

J'ai dû quitter le front complètement fourbu et l'orteil du pied droit gelé. Le 8e tirailleurs opérait entre Ypres et Dixmude (1) sur la partie du canal de l'Yser située à l'est de Reninghe. Il y a laissé dans des marécages sans nom huit cents hommes disparus ou tués et la presque totalité de ses officiers. Pour qui n'a pas vu cet océan de boue, l'esprit est impuissant à s'imaginer les souffrances vraiment surhumaines imposées aux troupes qui vivent dans ces régions lacustres. Après les trombes d'eau qui viennent de s'abattre depuis trois semaines, j'ai laissé mes hommes et mes compagnons d'armes dans trente centimètres de fange glacée. L'eau a pénétré partout en maîtresse, dans les tranchées de tir comme dans les tranchées-abri devenues tout à fait inhabitables. Si le Dante eut vécu, il eut certainement introduit dans son enfer les supplices endurés par les misérables troupes réduites de longs jours durant à l'immobilité, les jambes dans l'eau. On ne compte plus les pieds gelés et gelés de la plus horrible façon, l'eau contenue dans les souliers se transformant en glace. Pour dégager le pied, il faut parfois déchiqueter les chaussures avec un couteau. Pendant ce temps, sous ce titre monstrueux « la gaîté dans les tranchées » on peut lire les plus sinistres stupidités qu'un reporter en mal d'information ait pu inventer pour berner l'opinion publique. La tranchée ? mais comment donc, c'est un lieu de délices ! On y fume, on y boit, on y chante, c'est le café concert devenu troglodyte. Je m'étonne que les filles de joie ne viennent pas y promener leurs charmes ! Certes, je ne demande pas l'étalage de nos souffrances, ce serait tomber dans l'excès inverse et alarmer la population, en la poussant du même coup à une désastreuse pusillanimité. Je demande tout simplement aux journaux de tirer à moins d'exemplaires et d'observer le silence plein de dignité qui leur est dicté par l'attitude de la nation elle-même, soulevant l'admiration du monde entier par le recueillement dans lequel elle attend l'arrêt du destin. Non, on ne rit pas dans les tranchées : on y combat, on y souffre et on y meurt avec la simplicité du vrai courage. On y fait son devoir sans forfanterie comme sans crainte. Au reste, comment pourrait-on s'y livrer aux faits et gestes si complaisamment rapportés dans de ridicules échos ? Le jour, on se terre, on se ratatine sous les frêles abris pour échapper autant que faire se peut aux « marmites » de tout calibre dont on est copieusement arrosé. Une tête se montre-t-elle ? Vingt coups de fusil la saluent. La nuit, on se bat. C'est une tranchée ennemie à enlever, une reconnaissance difficile à faire, une embuscade à tendre, ce sont les mille opérations d'une guerre qui, les canons exceptés, a tout d'une vaste guérilla de comanches et rien des grandes manifestations tactiques en rase campagne, telles qu'on s'était plu à les imaginer. La nuit, c'est aussi l'attente pleine d'angoisse, c'est l'œil qui s'agrandit en vain pour percer les mystères de l'ombre, c'est l'ouïe surexcitée s'acharnant à discerner parmi tous les bruits qui animent les ténèbres l'indice révélateur de l'approche ennemie. Une rumeur qui semble distincte de celle du vent dans les arbres, une vibration insolite dans le réseau de fils de fer, l'ombre innocente d'une vache errante ou d'un troupeau de porcs. Le coup de fusil d'une sentinelle dont l'esprit s'hallucine, persuadée d'avoir vu « quelque chose », et c'est l'alerte dix, vingt fois répétée jusqu'à l'aube qui vous trouve haletants ; les nerfs brisés.

Et quand vient l'heure de la relève après quatre longs jours de cet enfer, je voudrais que les journalistes voient au crépuscule le poignant défilé des fantômes de boue qui s'en vont chancelants et voûtés vers un cantonnement d'alerte, goûter un maigre repos tout peuplé encore de schrapnels et d'obus. Je ne sais si leur imagination y reconnaîtrait les joyeux drilles qui coupent si gaîment le manillon entre deux coups de feu, durant que le loustic de la bande, allègre et gambillant dans un cercle d'admirateurs, débite avec art une chanson de circonstance dont Guillaume fait les frais.

XIV

Nantes, *le 21 décembre 1914.*

Un de ces admirables gestes de charité qui doivent être l'orgueil d'une race fit du château de la « Guilhommée » le bienfaisant asile où les échappés des marécages glacés de la Flandre viennent confier à des mains maternelles la lourde tâche de panser les meurtrissures de leur corps et de leur esprit. La maîtresse de ces lieux bénis, Mme Lévesque — bien des mères devront retenir ce nom — est la bonne fée dont la baguette magique opéra du soir au matin cette transformation. Elle a de ses sœurs la légendaire silhouette toute de grâce et de souplesse, et lorsqu'elle s'en va, ombre blanche glissant de chevet en chevet, l'on sent avec attendrissement s'éveiller en soi les chers vieux contes de son enfance, royaume des bonnes fées qui protègent les tout petits pour qu'ils deviennent grands et peut-être les grands quand ils redeviennent tout petits. Car ce sont bien des sensations d'enfant qui remplissent ici tout mon être. Les longs rideaux immaculés, le grand parc qui m'appelle accueillant au travers des larges baies, cet essaim de jeunes femmes dont les blanches mains s'affairent sans cesse autour des pauvres visages, dont chaque geste est une caresse, chaque parole une consolation : toute cette harmonie de calme, de paix de douceur, où s'ouvrent mes yeux à des choses nouvelles, je renais à une autre vie.

Vous ai-je donc connus, sombres paysages de l'Yser? Fuyez lugubres rives, limons sanglants, charniers monstrueux, terre d'horreur où l'infernal génie de la guerre s'acharne encore de mille canons inassouvis sur les ruines fumantes de ce qui fut l'habitation de nos frères humains.

Tout ici respire la bonté, tout vous y émeut. Je voudrais que l'on inscrivit au fronton de cette seigneriale demeure : « Château du Bon Accueil ». Je ne connais rien de plus touchant que la vue de ces salles aux lambris recherchés remplies encore d'une atmosphère de richesse, de tableaux de prix, de lustres étincelants où de pauvres petits lits en fer, des lits de chambres de bonne, disséminés çà et là, offrent le contraste de leur humble aspect. Le symbole est trop frappant pour ne pas saisir immédiatement l'esprit. Hier, des gens favorisés du sort, jouissaient ici dans le luxe des bienfaits de la vie. Le grand souffle de la guerre a surgi en tempête semant la dévastation. un grand souffle de pitié l'a suivi.

Il a passé sur le castel, et comme par miracle, les somptueux salons se sont vidés. Les lourdes tentures, les meubles rares. les bronzes d'art, tout a fui pour faire place au lit du pauvre, au lit des mansardes. La blouse d'hôpital a succédé à la robe du bon faiseur. la châtelaine s'est muée en infirmière, ses mains d'ivoire se sont pliées aux rudes besognes, elle est devenue la servante du plus humble d'entre nous. Cette demeure eût pu vivre dans la quiétude ; elle a préféré à d'égoïstes joies la tâche difficile de soulager la souffrance d'autrui

Le voilà bien le symbole, symbole de l'âme française, insouciante, peut-être légère. prompte au plaisir mais prompte aussi à tous les héroïsmes, les sacrifices, les renoncements lorsqu'un danger menace le précieux héritage des traditions et des coutumes qui sont la gloire de la civilisation et que par dessus les égoïsmes, les bassesses, les vilennies, retentit formidable la grande voix du devoir.

J'ai tout près de mon lit, la photographie du maître de la maison.

Monsieur Lévesque est commandant, breveté d'état-major démissionnaire, ancien attaché militaire à Vienne, aujourd'hui attaché à la personne du général de Castelnau pour la durée de la guerre. C'est une belle figure intelligente et fière, au dessin très pur. Par une étrange coïncidence, le cadre est placé de telle façon que je ne puis lever les yeux sans rencontrer ceux du portrait, yeux profonds lumineux, avec je ne sais quoi de caressant et d'impérieux à la fois. On ne saurait croire combien ce regard d'une simple photographie peut être prenant. Je le sens peser sur moi, il m'attire, me fascine presque, il vit, il me parle. Je le sens accueillant et sympathique, j'y trouve une approbation et un réconfort. « Sois le bienvenu, me dit-il dans cette demeure, car elle est la demeure de ceux de mes frères d'armes qui ont fait leur devoir. Sois-y l'hôte chéri, que mon foyer te soit doux et facile, que des mains vigilantes t'y préparent avec des soins dévoués cette atmosphère de calme et d'affection qui te redonnera l'énergie nécessaire « pour les futurs combats ». Oui, c'est là, j'en suis sûr le langage de cette figure virile faite pour relever les courages défaillants. Et je me prends à songer qu'après la halte, il faudra bien reprendre le dur chemin où je me suis librement engagé. Sans doute, il n'est pas gai, j'y traîne depuis longtemps déjà mes pauvres membres harrassés et mes yeux n'y voient plus que des tombes à l'infini. Qu'importe, devrai-je y errer seul dans les cadavres et dans le sang, ma vie n'est plus à moi.

Sur le sol envahi, la dernière tombe doit marquer la mort du dernier français,

XV

Nantes, *le 8 janvier 1915.*

Me voici au régime des pointes de feu. Par deux fois le docteur s'est exercé sur mon dos à une pyrogravure savante et m'a lardé quatre cents fois de son stylet poussé au blanc. Je me suis aperçu avec surprise et désespoir que ma tendre peau sentait ni plus ni moins que la vieille couenne de porc roussie, odeur patriarcale et familière à tous ceux qui ont assisté à la fête du cochon, chargés de la délicate mission de tenir haut et ferme la queue du noble animal. Voilà un point de ressemblance auquel les naturalistes n'ont certainement jamais songé ; peut-être après tout, n'ont-ils jamais tenu la queue du cochon, condition essentielle pour connaître un des termes indispensable à la comparaison. La chose est infiniment regrettable et l'Académie perd en l'occurence un bien beau sujet de communication.

Cette digression terminée, revenons à des sujets plus égoistes. Ma vertèbre, on la qualifie je crois du nom de lombaire, va sensiblement mieux. Elle est comme les boches, le feu qui purifie lui paraît un argument irrésistible, propre à réduire les plus enragés. J'ai donc tout lieu de croire qu'elle est sur le point d'adopter l'énergique attitude qui convient à la vertèbre d'un guerrier doublé d'un sous-lieutenant de tirailleurs. Quand à la machine en général, grâce à Dieu, l'heure de la vieille ferraille n'est pas encore venue pour elle. Certes, il y bien du jeu par ci, du grincement par là, mais ce n'est plus qu'une question de jours et de mise au point. Un casque à pointe à l'horizon et la brave machine, si geignante fut-elle, creuserait bien son petit sillon sanglant avant de se disloquer avec tant d'autres petites machines geignantes comme elle, mais braves comme elle.

Au reste, les grands labours de printemps vont venir et les champs sont encore vastes où pousse tenace et drue, l'ivraie germanique. L'année qui se lève appartient tout entière aux labours de « Mars »,

Les machines retapées iront alors rejoindre et les vieilles, les rares, les glorieuses celles qui n'ont pas quitté le champ : et les neuves, les toutes brillantes, celles qui sortent des dépôts. Le grand, le suprême laboureur donnera le signal, et des milliers de sillons la coucheront à jamais, l'ivraie drue et tenace, l'ivraie germanique : des milliers de sillons qui d'une allure implacable et tranquille se dirigeront vers les rives du Rhin. Ah ! la bonne terre ensuite ! comme ils seront gras les champs et les limons noirs de sang, propices aux futures semailles, celles que nous chantons déjà dans la mitraille en montant à l'assaut :

> Demain sur les tombeaux
> Les blés seront plus beaux.

Et de ces blés, vous en serez les pâles moissonneurs, vous, les pères, car beaucoup des bons laboureurs ne seront plus là pour recuillir la récolte qu'ils auront si bien préparée. Combien de vieilles mains, combien de mains tremblantes devront reprendre la faux qu'ils nous avaient confiée et la manier à nouveau sur les champs de l'humanité jusqu'au jour où les bras des petits-fils seront plus vigoureux. Sans doute, le moment sera terrible où il faudra tarir de trop justes larmes et rendre au labeur des muscles raidis par un demi-siècle de fatigues et de luttes. Mais désespérés et défaillants souvenez-vous que c'est l'unique moyen d'être dignes de vos fils, souvenez-vous que vous assumez devant l'histoire une responsabilité sans précédent. A nous la lourde tâche de chasser l'envahisseur, d'écraser une nation dont l'idéal est notre perte, à nous les champs de bataille, à nous la mort. Mais en retour, à vous la tâche de guider nos fils dans la voie de l'honneur : sur des champs de bataille plus pacifiques, ceux du commerce et de l'industrie à vous la tâche d'y préparer les voies que nous y avons ouvertes, et d'y montrer plus tard à l'activité de nos fils adolescents une France régénérée, déjà fort en avant sur la route des lumineux sommets que les destins lui ont fixés pour la gloire de la civilisation.

Notre tâche, nous l'accomplissons, nous l'accomplirons jusqu'au bout. Préparez-vous à la votre. Fortifiez vos âmes par cette pensée constante qu'en vous y dérobant, vous méritez de voir retomber sur vos têtes tout ce sang que nous répandons sans compter, puisque par votre inaction vous aurez rendu improductive cette semence sacrée. Nous offrons nos veines largement ouvertes ! qu'ils en jaillisse à flots le beau sang vermeil de notre jeunesse ! mais dans cette transfusion qui doit redonner à la France une vie nouvelle, n'oubliez pas que si nous sommes les patients, vous êtes les opérateurs. Une faute, un oubli, une faiblesse de votre part et vous aurez à répondre devant le tribunal de l'Histoire d'une double mort, celle du transfusant, la virilité de tout un peuple et celle de la transfusée, la Patrie.

XVI

NANTES, *le 15 janvier 1915.*

Je relève aujourd'hui d'une forte angine qui m'a obligé à garder le lit durant six grands jours. Je commence à croire que la machine est plus détraquée que d'apparence, triste chose à mon âge, triste chose !!

J'ai reçu de mon collègue, le lieutenant M... une carte datée du 19 décembre. Pour la troisième fois, on peut sonner le glas. le 8ᵉ tirailleurs n'existe plus. Le 6 décembre lors de mon départ, ma compagnie était encore à l'effectif de deux cent quarante hommes, le 19 elle était réduite à quatre-vingts. Au nombre des morts, le capitaine, un adjudant, et *tous* les

sergents, nettoyés dans une seule matinée, celle du
12. Les autres compagnies à l'avenant. Le commandant attend mon retour avec impatience.

XVII

DÉPOT D'ARLES, *le 11 février 1915.*

La chose est à peu près décidée, le flot amer rou-
lera ma pauvre guenille vers Bizerte, dimanche
prochain vraisemblablement. Mon envoi en Tunisie
jusqu'au printemps constituant un droit prévu par
une récente circulaire, vous voilà donc tranquil-
lisés à mon sujet pour deux bons mois. C'est un
réel sacrifice que je vous fais car il était dans mes
intentions formelles de m'y soustraire, résolu que
j'étais à retourner au front sans délai.

XVIII

BIZERTE, *le 24 février 1915.*

Me voici de retour à Bizerte après une semaine de
congé à Tunis. Le Résident Général a bien voulu
me recevoir, il s'est montré particulièrement aima-
ble à mon égard et vivement intéresssé par les renseignements et les aperçus que je lui ai fournis sur
l'attitude, la mentalité et l'état d'esprit des tirailleurs. Ce sont là toutes questions touchant de très
près l'administration des indigènes rendue de plus
en plus délicate par suite de l'émotion qu'un recru-
tement intensif n'a pas manqué de susciter chez
nos protégés. Bien que le pays soit tout à fait calme
il y a là une situation qui doit être envisagée avec
une extrême prudence en raison des menées allemandes qui se font encore sentir ici sous le couvert
du timbre espagnol. Barcelone paraît être le grand
centre d'élaboration et d'expédition de brochures
et feuillets subversifs dont la Régence est copieusement arrosée. Les destinataires sont principalement des commerçants israélites qui ne se font

pas faute de mener une propagande anti-française des plus actives bien qu'ils doivent à notre occupation, et leur richesse, et leur affranchissement.

Ils sont ici les seuls à ne pas verser leur sang pour la France et à profiter des conditions particulières du marché pour s'enrichir de scandaleuse façon. Au lieu d'être nos égaux, cette population de voleurs devrait tomber sous le coup d'une législation qui ne les mettrait que trop justement dans une condition inférieure à celle des arabes dont ils n'ont pas les charges, l'impôt du sang avant toutes les autres.

Durant mon congé, j'ai poussé jusqu'à Sfax entre deux trains. Monsieur de Gourlet et mes collègues du Conlrôle ont manifesté une joie et une émotion qui m'ont vraiment touché. Je leur ai promis une seconde visite avant mon départ pour le front.

XIX

Bizerte, *le 4 mars 1915.*

Je vais profiter de mon séjour à Bizerte pour me faire photographier.

Si le Dieu de Guerre doit m'être funeste, que mon image du moins ne disparaisse pas tout entière ! Il faut plus tard pouvoir dire aux petits de la famille en montrant la mince silhouette d'un modeste sous-lieutenant : « Voyez c'est un héros, il fit courageusement la grande guerre pour vous défendre, mes chéris, et vous préparer un avenir meilleur. Il est mort glorieusement pour une noble cause et sans regrets : pensez quelquefois à lui ».

Tel est le but que je poursuis ce faisant, estimant que la photographie d'un mort utile doit servir à exalter aux yeux des enfants ce qu'il y a de noble et de grand dans la bête humaine.

Nous menons ici une vie infernale ne quittant le

terrain de manœuvre et les champs de tir qu'à la nuit close. L'instruction de la classe 1914 est faite. Nous attendons la classe 1915.

XX

Tunis, *le 29 mars 1915.*

Je suis à Tunis pour cinq ou six jours à l'occasion des fêtes de Pâques. C'est d'ailleurs avec un réel soulagement que je quitte une semaine durant, Bizerte et le 8ᵉ tirailleurs. Cette vie de garnison devient pour moi une obsession, j'en ai par dessus la tête. L'instruction des jeunes recrues est quelque chose d'insipide pour un esprit aussi peu militaire que le mien. La bataille, bravo! mais l'enseignement du demi-tour, ou me fera devenir fou ou me fera punir. Aussi je réclame à grands cris mon retour au front sans obtenir jusqu'ici grand résultat, les départs étant arrêtés jusqu'à nouvel ordre.

XXI

Bizerte, *le 12 avril 1915*

Me voici de nouveau vissé à Bizerte pour trois semaines, bien malgré moi. Il y a un mois que je hurle pour qu'on me fasse partir. C'est d'ailleurs à un concours de circonstances tout à fait anormal que je dois de ne pas prendre le paquebot ce soir. J'étais d'abord désigné pour rejoindre sans retard Dunkerque et Ypres. Une heure après, changement. Le Colonel en raison de mon allant m'affectait au commandement d'une section de mitrailleuses avec stage de quinze jours en France pour me mettre au courant. Le lieutenant C.., rentré hier de convalescence met tout ce beau projet à néant. C'est un spécialiste, lieutenant mitrailleur dans l'active et qui offre sur moi l'avantage de pouvoir être dirigé immédiatement sur le front avec le détachement.

Au demeurant, je ne fais que reculer pour mieux

sauter et serai très certainement au feu vers la fin du mois, tellement le régiment a été décimé de nouveau. Un premier renfort part ce soir, un second suivra certainement dans le courant du mois, j'en serai pour ma plus grande joie. Nous sommes tous animés d'une haine telle contre les bandits qu'il y a de véritables disputes entre nous pour savoir qui partira le premier.

Je viens de recevoir de l'Ecole des Sciences Politiques la liste de ceux des membres de la Société des anciens élèves tombés à l'ennemi, la plupart de mes camarades sont morts. Auzende, un de mes meilleurs amis de Tunis, fils du compositeur vient d'être également tué le 26 avril en conduisant sa section à l'assaut d'une tranchée allemande. C'est pour moi un réel chagrin, Je perdrais la tête si je devais rester encore longtemps loin du champ de bataille. Je comprends la joie du sang, celle des dents qui s'enfoncent dans la chair. Notre état d'esprit est tel que ce ne sont plus des hommes qui retournent au front mais de véritables bêtes féroces.

Nous recevons d'excellentes nouvelles d'Orient, elles ont toutefois failli être mauvaises par la faute du général d'A... Faute d'une préparation suffisante par l'artillerie, le débarquement a failli échouer. Les zouaves étaient déjà rejetés à la mer et la situation extrêmement critique n'a été sauvée que par le courage du 175e de ligne et principalement des Anglais qui ont été merveilleux. Nous tenons ces détails des blessés qui peuplent déjà par centaines les hôpitaux de Tunis.

XXII

BIZERTE, *le 21 avril 1915.*

La vie que nous menons ici est toujours aussi infernale. Il est 7 heures et je rentre à peine du champ de tir. Nous possédons depuis trois semaines, mille jeunes recrues qu'il s'agit de rendre mobilsables en trois mois. La chose est déjà un tour de force avec des français, avec des tirailleurs indigènes une telle exigence relève du miracle. Je ne quitte plus le terrain de manœuvre et suis devenu complètement aphone à force de crier. Je supplie tous les saints du paradis de me faire retourner au front, préférant cent fois mieux les « marmites » à cette existence d'aliéné

XXIII

BIZERTE, *le 5 mai 1915.*

Il est parfaitement exact que Bizerte est un des points de concentration des contingents destinés à l'expédition turque. Il est parti environ de ce port de guerre vingt navires transportant une trentaine de mille hommes et un important matériel. Leur destination ne nous est pas connue de façon certaine. Les tirailleurs n'ont aucune chance de prendre part à cette expédition. Ce n'est pas qu'ils refuseraient de marcher contre les Turcs, musulmans comme eux. La personnalité de l'ennemi est tout à fait indifférente à des troupes qui se battent uniquement pour leur chef. L'on veut simplement enlever aux intellectuels panislamiques de nos possessions d'Afrique un prétexte pour créer de l'agitation. Ce sont par conséquent les boches qui me reverront.

J'ai le ferme espoir de ne pas continuer longtemps encore cette existence insipide. Le courant de ce mois, j'ai tout lieu de le croire, me verra au front ce qui mettra le comble à mes vœux. Il y a quatre mois que je me repose, c'est suffisant. Les gens de mon âge ont autre chose à faire qu'à mourir dans les dépôts.

XXIV

FORT DE LADRETTE, *le 24 mai 1915.*

Je suis à 12 kilomètres de Nice, en pleine montagne, dans un des forts qui occupent les crêtes entre la capitale des fleurs de Monte-Carlo. L'on a dû

craindre, sans doute, que les luxueuses cités qui
bordent la Riviéra, constituent pour nous autant de
délicieuses et fatales Capoues, de sorte que l'on a
confié à la solitude des montagnes le soin de nous
inspirer l'amour et le goût des mitrailleuses. Certes, les trente-six heures que j'ai passées à Nice
seraient fort capables de me faire regretter cette
brutale décision de l'autorité militaire, si je n'avais
ici, pour me consoler, le spectacle de la plus gran-
diose féérie qui se puisse imaginer. De mes huits
cents mètres, je domine un invraisemblable chaos
de pics, de gorges, de croupes, de vallons enfouis
sous un océan de pins, et dégringolant en immenses
cascades d'un vert sombre vers la vallée où le Paillon
scintile comme un mince ruban d'argent. Je descends vers le sud une demi-heure à peine je dépasse
une croupe, un tournant et brusquement, surgissant à mes yeux éblouis, s'étale à mes pieds cette
Côte d'Azur dont le seul nom suffit à évoquer tout
un mirage de richesses et de fastes, de parfums et
de lumière, où la nature semble avoir accumulé
comme à plaisir ses beautés les plus pures et ses
dons les plus rares, sorte de paradis terrestre vers
où convergent des régions les plus lointaines, les
élus de la fortune.

Beaulieu, Villefranche, Nice, Cannes, les voilà
donc ces célèbres cités qui sont comme autant de
minuscules Babylones où se peuvent étaler à loisir
dans un cadre digne d'eux, tous les luxes et tous
les plaisirs, Oui, les voilà, d'un seul regard je les
embrasse, nichées dans un dédale de criques, de
rades, de presqu'îles, de croupes disposées avec
un génie surnaturel pour opposer d'infranchis-
sables barrières aux frimas et aux vents glacés.
Comme les heures doivent couler douces et calmes
dans ces lieux où fleurit un printemps toujours renouvelé. Comme la vie doit être légère

et savoureuse dans ces fastueuses villas, aux toits rouges, submergées sous une marée de verdures et de fleurs. La mer elle-même semble retenir ses fureurs, se faire plus souple, plus caressante. Ce soir, c'est un grand lac bleu, intensément bleu, sans un ride, à peine frangé sur les bords d'une blanche écume venant mourir mollement sur la grève au sable d'or, au pied des rochers moussus et des blanches villas qui avancent jusque dans les flots toute une chevelure de rosiers grimpants et de chèvrefeuille. Le soleil, rougeoyant aux limites de l'horizon, plonge lentement dans la mer dans une orgie de couleurs qui font du ciel et des flots un sublime kaléidoscope où se succèdent, se chevauchent et se combattent les rouges, les oranges et les jaunes, les verts et les bleus, les indigots et les violets. Bientôt les teintes s'estompent, se fondent lentement, l'ombre s'avance sur les eaux déferle au rivage, submerge peu à peu l'amphithéâtre des terrasses et des toits où s'accroche un dernier rayon.

Seule, la montagne s'illumine encore attendant dans sa majesté sereine l'assaut de la nuit qui grimpe à ses flancs. Une inexprimable harmonie me baigne de toutes parts, harmonie de beauté, de parfums, de silence et de paix.

XXV

Fort de Ladrette, *le 26 mai 1915.*

Les cours pour mitrailleurs ont commencé hier, ils dureront trois semaines. Nous travaillons comme des forcenés, obligés que nous sommes de connaître à fond cinq types de mitrailleuses. En temps normal, de tels cours durent au minimum six mois.

Je ne me fais aucune illusion sur les dangers du poste d'honneur que j'occupe.

Je risque ma peau à coup sûr, l'officier mitrailleur

étant le plus redouté et le plus visé. L'artillerie s'acharne à repérer et à détruire les postes de mitrailleurs. En raison même de ces dangers extraordinaires et anormaux, il n'y a ici que des officiers réputés pour leur courage et leur sang-froid. Que l'on m'ait jugé digne de faire partie de cette héroïque phalange, c'est là un honneur au regard duquel la mort ne doit pas entrer en ligne de compte.

XXVI

DÉPOT D'ARLES, *le 17 juin 1915.*

Me voici à Arles depuis quelques heures à peine, mon séjour y sera d'ailleurs de courte durée, le temps d'équiper mes hommes.

Je gagnerai sans doute le front à la tête de mes deux sections de mitrailleurs, samedi ou lundi au plus tard,

Je rejoins aux environs d'Arras mes anciennes unités, c'est-à-dire les 4e et 5e bataillons décorés du nom de cinquième de marche. C'est là où se donnent les plus rudes atouts que ce malheureux régiment se trouve opérer. La campagne finie, je me demande s'il en sera beaucoup qui auront souffert davantage.

Quant à moi, j'ai l'idée bien arrêtée de faire tout mon devoir sans me préoccuper de conséquences auxquelles je ne veux pas même songer. Au reste, il est d'une ridicule puérilité de s'embarrasser de précautions qui n'empêche en rien l'heure fatale de survenir s'il est écrit qu'elle doit survenir. Je vais occuper un poste très périlleux. Tous mes prédécesseurs y ont succombé. Aurai-je oui ou non une fortune identique ? Ma bonne étoile pâlira-t-elle où conservera-t-elle tout son éclat ? Qu'importe. L'essentiel est que je remplisse dignement le rôle qui m'est

confié, sans entraver ma liberté d'esprit et de juge-
ment par des considérations étrangères qui me
feraient peu honneur.

*P. S. — Aux termes d'une circulaire ministérielle,
tous les officiers revenant du front doivent effectuer
un rapport. L'idée est excellente ; poursuivie avec
méthode elle peut fournir un moyen d'investigation
très puissant.*

*Parmi les quinze mémoires fournis à la Division
d'occupation de Tunisie pour être transmis au Ministère de la Guerre, le mien a été conservé aux archives
du régiment, comme étant le plus remarquable. Je n'en
tire aucune gloire n'ayant fait que donner mes impressions sans aucune recherche. La franchise de cette
œuvre en fait surtout le mérite, je vous l'envoie pour
que vous en preniez connaissance.*

Instructions Ministérielles du 5 Février 1905

*Rapport du sous-lieutenant FAULONG (Léonce),
du 8e régiment de tirailleurs indigènes (4e et
5e bataillons).*

Évacué deux fois, pour maladie et pour blessures,
je diviserai ces notes succinctes en deux parties, la
première comprenant une période allant du 23 août
au 15 septembre, la seconde, une période allant du
12 novembre au 8 décembre 1914.

1re Partie

Pendant la retraite partie des portes de Charleroi
pour aboutir aux portes de Provins, six ordres de
faits principaux ont pu frapper l'esprit :

1· Le poids exagéré et l'inutilité du barda d'Afrique. L'incapacité manœuvrière en résultent.

2· L'impuissance de l'artillerie de campagne en face d'une artillerie lourde à grande portée et fort meurtrière. L'effet moral de cette dernière.

3· Le peu de mordant des Allemands.

4· Le nombre exagéré des traînards.

5· L'importance du rôle dévolu aux cadres de la section.

6· L'insuffisance du service de santé.

Les 4e et 5e bataillons ont vu le feu la première fois le 23 août. à Somsey. Les hommes portaient à ce moment là, dans ou sur leur sac. non seulement le petit linge, les vivres de réserve. les ustensiles de cuisine et les outils portatifs. mais encore leur pantalon de drap, leur veste. leur gilet, leur capuchon, leur toile de tente, la couverture et les supports brisés.

Dès l'arrivée sur la ligne de feu les inconvénients de cet invraisemblable échafaudage ont éclaté. L'on s'est trouvé en présence d'hommes parfaitement incapables de courir. et très sensiblement gênés dans les mouvements de tir. Nous avons eu fait bientôt la douloureuse expérience qu'en présence d'armes à tir rapide l'invulnérabilité d'une troupe dépend de sa mobilité.

Dans l'étape qui a suivi le combat et qui s'est déroulée presque sans arrêt durant trente-trois heures, de Somsey à Trélon, la regrettable erreur du barda africain transporté sur les champs de bataille d'Europe s'est trouvé démontrée de façon plus péremptoire encore. Afin d'enrayer le flot montant des traînards ou des sacs abandonnés. le commandement s'est vu dans l'obligation d'alléger le barda en donnant l'ordre de jeter la plupart des effets de drap. De tels faits suffisent quelquefois pour donner à un mouvement effectué dans le calme un faux air de précipitation capable d'influer sur le moral des troupes. Au surplus, il est résulté de cet allègement forcé de graves inconvénients, savoir : l'absence complète d'outils portatifs abandonnés clandestinement, l'impossibilité de vêtir les hommes chaudement à l'heure voulue. Fin septembre, les tirailleurs grelottaient encore dans leurs effets de toile. Ces fâcheux errements eussent pu être évités si les hommes étaient entrés en campagne vêtus de leurs effets de drap.

Le 30 août, à Ribémont, le 5e bataillon auquel j'appartenais, s'est trouvé complètement décimé sans avoir bougé de ses tranchées, et presque sans avoir combattu. Le bilan s'est chiffré par plus de cinq cents hommes et treize officiers sur vingt mis hors de combat. Le 4e bataillon était, paraît-il, plus éprouvé encore. C'était là le travail de l'artillerie lourde allemande assurée d'avoir son plein effet contre des unités soutenues par *deux batteries* de 75, et retranchées dans des ouvrages de campagne embryonnaises tels qu'on les comprenait alors, une excavation de trente centimètres avec une pincée de terre devant. Beaucoup sont morts ce jour-là sans avoir vu un seul casque à pointe. Inutile d'insister sur le moral d'une troupe réduite au rôle du patient qui reçoit les coups sans les rendre. Cette situation s'est trouvée aggravée de ce fait, que mis brusquement en présence des explosifs terrifiants que les pièces de gros calibre envoient par masse, les tirailleurs se sont trouvés, au premier abord, comme sidérés. Mais lorsque la réaction s'est produite, il a fallu aux cadres qui les ont maintenus pendant huit heures sous cette avalanche de mitraille un courage et une abnégation qui ne sont que trop illustré par le chiffre de leurs pertes. L'on a pu avoir ce jour-là l'impression très nette, que les troupes exotiques composées essentiel ement d esprits simples, encore très près de la nature, ne sont naturellement faites pour supporter *immobiles*, des heures durant, un feu intense d'artillerie. Ce sont là déjà de difficiles épreuves pour les troupes métropolitaines composées pour beaucoup d'individus fortement trempés, soit par une éducation morale supérieure, soit par leur fonction, soit même par l'ambiance qui résulte d'une civilisation compliquée, aux luttes âpres, forçant l'individu qui veut réussir, à la maîtrise de soi et de ses nerfs. Demander à un bédouin l'immobilité stoïque d'un français. ce n'est pas lui demander d'être aussi courageux, il l'est. C'est lui demander un ensemble de qualités constituant la force morale et résultant d'un milieu, d'une éducation, d'une façon de vivre qui lui sont complètement étrangers. Le tirailleur est resté l'homme fruste qui ne conçoit la lutte que sous sa forme primitive : le corps à corps. Il faut qu'il *voit* l'ennemi. Ne cherchez pas à lui démontrer qu'il est quelquefois utile de se laisser tuer sur place par un adversaire invisible le mitraillant à des kilomètres, il ne comprendra pas. Demandez-lui d'avancer, d'être courageux dans le mouvement et dans l'action, laissez-le se griser de cris, de gestes, de poudre, les résultats en seront excellents. Les tirailleurs sont des troupes de choc. Que la guerre moderne et ses engins rendent fort difficile la mise en pratique d'une telle façon de combattre, c'est certain, je ne fais que signaler ce qui me parait être la vérité dans la psychologie des indigènes.

Le 30 août, au soir, lorsque les débris des quelques bataillons de zouaves et de tirailleurs qui avaient tenu tête la journée entière à des forces bien supérieures se sont levés pour la retraite, rares étaient ceux qui croyaient pouvoir échapper. L'ennemi avait débordé aux deux ailes et nous entourait déjà. Le moindre effort eut suffi pour se rendre maître des quelques centaines de combattants harassés, qui se repliaient en désordre, zouaves et tirailleurs pêle-mêle. La fatigue était telle, que les troupes ainsi désunies se sont abattues à quatre kilomètres à peine du champ de bataille et y ont passé la nuit. Or, non seulement nous n'avons pas été poursuivis à l'issue du combat, mais la nuit s'est passée encore dans le calme, et nous sommes repartis vers les 5 heures, dans la direction de Laon, sans avoir vu un seul Uhlan. Quelques hardis escadrons eussent récolté une gloire facile.

Au cours de la retraite, l'on a pu voir de multiples groupes de cinq à six hommes, surtout des zouaves, uniquement occupés à dévaliser qui le cellier, qui la basse-cour, qui le verger. Le foyer à point, une broche de fortune était montée sur le bord de la route et de véritables pique-niques s'organisaient ainsi à la barbe des unités qui maintenues encore par la discipline, s'en allaient le ventre creux vers le terme sans cesse reculé d'effroyables étapes. Les associations de chapardeurs, c'est là le fait caractéristique, n'ont jamais cherché à rejoindre leurs unités, s'arrêtant et repartant au gré de leur fantaisie ou de leur estomac. Les unes se sont vues ramasser par des uhlans, les autres ont constitué la tourbe des traînards et des " tireurs au flanc ", élément de désordre dont l'exemple devient peu à peu un irrésistible dissolvant pour les meilleures disciplines. Or, la longueur des étapes, si pénibles fussent-elles, ne suffit pas à expliquer la présence de ces centaines d'amateurs de bonne chère vivant en marge des colonnes. Le véritable traînard réduit à ce triste état par insuffisance physique ne songe pas à faire bombance, mais plutôt à s'enquérir d'un moyen de locomotion propre à le tirer d'affaire.

L'existence de ces théories de chapardeurs, connaissant l'emplacement exact de leur régiment sans faire aucun effort pour le rejoindre, ne peut donc

s'expliquer en l'occurence que par certaines défaill-
lances et un incontestable relâchement de la discipline. J'en appelle, au demeurant, le revirement qui
s'est produit subitement lorsqu'arrivés à Provins,
nous nous sommes retournés pour l'offensive et que
le commandement a changé. Quelques exécutions
sommaires ont suffi à tout faire rentrer dans l'ordre, il n'y a plus eu de traînards.

Le 23 août dès les premières évolutions en rase
campagne, j'ai été frappé de l'importance qu'a pris
dans les guerres modernes non seulement le rôle du
chef de section, mais encore celui du chef de demi-
section et même celui du chef d'escouade. La compagnie s'est trouvée occuper immédiatement un
front d'au moins mille mètres, les sections extrêmes
dont la mienne, échappant de ce fait presqu'entiè-
rement au contrôle du commandant de compagnie.
J'ai pu alors apprécier combien l'initiative du chef
de section n'est pas un vain mot, et jusqu'à quel
point il lui appartient d'agir souvent sans ordre,
réduit qu'il en est à se guider sur le mouvement des
unités voisines Quelques heures après, la compagnie
désignée pour amorcer l'attaque d'un bosquet et se
trouvant déployée en ligne d'escouade par un à plus
de vingt pas d'intervalle, l'ordre d'arrêter le mouvement et de battre en retraite est arrivé. En raison
de l'étendue occupée dans la formation précitée, le
capitaine s'est vu dans l'impossibilité de me faire
avertir en temps voulu, de sorte que je me suis
trouvé bientôt seul à progresser Lorsque je m'en
suis aperçu il était déjà trop tard, j'étais coupé du
restant de la compagnie par des unités du 6ᵉ de
ligne reculant en désordre. Je n'ai rejoint le bataillon que le lendemain à midi. Dans ce mouvement,
j'avais pu me rendre compte de la difficulté que
j'avais eu moi-même à rester en liaison avec mon
escouade d'extrême gauche. Il est incontestable que

dans la guerre moderne où les formations en ordre dispersé dominent, les chefs de section, de demi-section et même d'escouade sont appelés à se trouver souvent sans directive et livrés à eux-mêmes. Une part de tous les succès dépendra certainement dans de grandes proportions de l'intelligence, du sang-froid et de l'initiative qu'ils apporteront dans l'accomplissement de leur tâche. Les gradés les plus humbles prennent ainsi une importance qu'on n'avait jamais songé à leur attribuer, et qui doit influer singulièrement sur les soins de toutes sortes qui doivent présider à leur choix et à leur instruction.

Tout parti-pris mis hors de cause et sans être un ennemi déclaré du service de santé, l'on peut affirmer que pendant la retraite l'on a dû relever à son actif de réelles défaillances. Ni pendant le combat du 23 août, ni pendant celui du 30 où les deux bataillons ont tenu cependant une journée entière à la même place, nous n'avons vu sur le champ de bataille, ombre de médecin ou de brancardier. Les blessés légèrement atteints se sont tirés d'affaires tout seuls, les blessés graves ont été abandonnés purement et simplement. Le 23, j'ai pu en sauver quelques-uns, grâce à la complaisance du chef d'un convoi de munitions qui a bien voulu les prendre. Au surplus, le poste de secours se trouvant toujours à une distance variant entre deux et quatre kilomètres, beaucoup de blessés se perdaient ou tombaient d'épuisement avant de l'atteindre. Quelque difficulté que la retraite puisse imposer à l'organisation du service médical, elle n'implique pas l'arrêt absolu de la relève des blessés, surtout lorsque l'unité engagée occupe le même emplacement de combat plus de douze heures durant. Il résulte de cette erreur, que les chefs de section sont obligés de distraire des combattants de la ligne de feu, s'ils ne veulent pas laisser périr misérablement ceux de leurs gradés ou de leurs hommes atteints grièvement au cours de l'action.

Bien qu'il soit indispensable de posséder une compétence toute particulière pour se prononcer sur un aussi grave sujet, beaucoup ont cru s'apercevoir, lors des premières rencontres, qu'un manque de liaison existait entre les diverses armes. Lorsque j'ai quitté le front le 15 septembre, je n'avais pas vu encore un seul avion français. En revanche les taubes qui venaient nous visiter plusieurs fois par jour, nous ont valu de copieux arrosages. En particulier, le 30 août à Ribémont, ce sont eux qui ont repéré nos tranchées, après quoi l'artillerie lourde allemande nous a littéralement écrasés sur place. Les tirailleurs avaient fini par avoir de ces engins une crainte immodérée, et chose plus grave, la question du prestige étant chez eux primordiale, par être persuadés que les français ne possédaient pas d'avions. L'on a eu plus tard toutes les peines du monde à déraciner cette croyance.

Dans les débuts également, nous avons vu des flots d'artillerie sur les routes, mais très peu dans les champs où nous nous battions. Les combats du 23 août et surtout du 30. se sont déroulés à peu près sans artillerie de notre côté. Les tirailleurs et les zouaves en ont fait tous les frais y laissant plus de la moitié de leur effectif. Il en était résulté chez certains d'entre nous une véritable rancune pour une arme qui n'eut certainement pas demandé mieux que de nous apporter son concours, elle l'a montré depuis, si on l'y avait conviée.

Là se terminent pour moi les impressions qui me restent de la première partie de la campagne. La bataille de la Marne n'a pas existé en effet pour le bataillon. La retraite l'avait tellement éprouvé, il restait à peine au début de septembre trois cents hommes et six officiers, que jusqu'au 12, il a été toujours en réserve. Le 13 nous étions remis en première ligne et chassions l'ennemi du Chemin des Dames. Le 14 j'étais dirigé sur l'ambulance et le 15 évacué.

2me Partie

J'ai rejoint le 4e bataillon le 12 novembre. Il occupait à ce moment-là. dans la région de l'Yser. des tranchées de première ligne situées entre Dixmude et Ypres, à l'est de Reninghe-Molène, en bordure de l'Yperlée. limitées au nord par la maison de la Nacelle. au sud par la maison du Passeur,

Je note en passant la difficulté que l'on avait eu pour établir dans ces marécages une organisation défensive convenable. D'abord des tranchées peu profondes. l'eau jaillissant du sol passé 1^m20 ou 1^m30 de profondeur. dont la protection était rendue d'autant moins efficace que des éboulements continuels résultant de la nature sablonneuse du terrain venait en modifier perpétuellement le relief. En raison de cette particularité. impossibilité d'établir des tranchées-abris, leurs rebords s'effondrant très rapidement sous le poids de la couverture malgré l'utilisation de très longs madriers reposant en porte-faux.

J'ai gardé de mon séjour dans le cloaque glacé qui constituait nos tranchées, une impression de souffrance indicible non tant au regard de ma propre personne qu'au regard de celle des tirailleurs. Et j'en arrive immédiatement à ce que de vieux Africains ont pu considérer comme une faute capitale. l'adaptation de tirailleurs à la guerre de tranchées pour laquelle ils ne valent rien et ne peuvent rien valoir. La rigueur de la température les a mis d'abord dans un état d'infériorité physique difficilement concevable. Qui les a vus accroupis dans la fange liquide d'un boyau. la couverture rejetée sur la tête dans

l'attitude bien orientale d'une résignation décidée à
tout souffrir. même la mort, mais à ne pas bouger,
n'a pu se défendre des plus sombres pressentiments.
Ces gens-là étaient au sens vrai, réduits à l'état de
marmottes. Pour qui connait la passivité de l'arabe,
l'angoisse ressentie de longues nuits durant par les
chefs de section impuissants à réveiller leurs hommes. paraitra mortelle. C'est ainsi que dans la nuit
du 10 novembre, le 5ᵉ bataillon a pu disparaître tout
entier, sans qu'on ait jamais eu de nouvelles ni d'un
officier. ni d'un homme. Comment en vouloir,
par ailleurs. à ceux que l'on a si justement appelés
les Fils du Soleil. et que des nécessités. peut-être
mal comprises. ont soumis au supplice du froid et
de l'eau quatre jours sur huit. Au surplus, toute
question de température délaissée, pour supporter
de telles épreuves avec l'énergie et le conscient stoï-
cisme que l'on a louangé chez les troupes métropolitaines, il faut être *Français*. sentir que l'on défend
son foyer et sa patrie. être soutenu par cet ensemble
de qualités appelé la force morale. constituant une
sorte d'hérédité étrangère à l'Arabe et fortifié par une
éducation et un milieu qui lui sont complètement
étrangers. Cela ne veut pas dire que le tirailleur est
incapable de supporter dans l'immobilité de la tranchée les mêmes souffrances que notre lignard. il les
supporte d'une autre façon. Le lignard souffre. si
l'on peut dire activement. Entendez par là qu'il a
la discipline de forcer son tempérament aux épreuves d'une façon de combattre qui lui répugne. mais
qui ne perd rien de son énergie, qu'il aspire au
mouvement et à l'action, trompe son impatience
comme il peut, toujours prêt. à faire face à toutes
les nécessités du combat. Le tirailleur. lui. souffre
passivement. Engourdi par le froid et par l'eau,
persuadé qu'il est là par la volonté du Tout-Puissant
et que rien ne peut l'en faire sortir. il s'en remet au

‟ mektoub ” fataliste, s'enveloppe dans sa couverture, et oppose aux objurgations les plus véhémentes une inertie quasi invincible. Ne lui demandez plus d'être prêt à l'action, lui faire tirer un coup de fusil devient un problème, l'attaque ennemie aura toutes les chances de réussir.

Dans un ordre d'idées différent, le tirailleur fait en outre un piètre remueur de terre. Dans la vie civile, la charrue, la pioche et la pelle sont déjà sa terreur. Par une sorte d'atavisme encore vivace, chez ce sédentaire de fraîche date, il considère les durs travaux de la terre comme avilissants. Par les temps de disette, il n'est pas rare de voir des douars entiers souffrir une grande faim, plutôt que de se mettre au service du colon voisin qui manque toujours de bras et serait trop heureux de les employer. Le costume militaire n'a pas le don de transformer ces dispositions. Sous l'empire d'une mitraille intense, le tirailleur consentira à creuser hâtivement un trou quelconque, mais c'est avec une incontestable répugnance et une maladresse marquée qu'il saisira ensuite l'outil de parc pour en faire un ouvrage sérieux. Celui-ci, enfin établi sous la menace et les cris, vous ne le verrez jamais comme le lignard chercher à l'améliorer de sa propre initiative soit pour en perfectionner les protections, soit pour le rendre plus confortable. Il risque davantage ‟ mektoub ” ! Il est très mal ‟mektoub” ! la pelle et la pioche ne sont pas faites pour un Arabe et pour un guerrier.

C'est donc tout cela qui explique les opinions divergentes qui se sont manifestées depuis quelque temps. D'aucuns ont crié : les tirailleurs sont des troupes admirables ! d'autres ont répondu : ce sont des troupes inférieures et surfaites. Les premiers sont ceux qui les ont vus en rase campagne, si ardents et si fougueux, que fin octobre après trois mois des plus rudes fatigues, ils emportaient encore d'assaut Ramscapelle et Dixmude où était venu se briser l'élan des meilleures troupes métropolitaines. Les seconds sont ceux qui les ont vus dans les tranchées. Mais ceux-là n'ont pas vu de tirailleurs, ils n'ont vu que leur ombre, de pitoyables loques anéanties par l'attente et le froid.

Si l'exigence du nombre s'opposait à ce que les tirailleurs fussent retirés de la ligne de feu durant la période d'hiver, il eut été pourtant facile de trouver un mode d'utilisation adéquat à leur tempérament.

Pourquoi ne pas les avoir tenus en réserve à trois ou quatre kilomètres en arrière de nos tranchées de première ligne ? Une attaque était-elle décidée ? Ces troupes de choc étaient amenées sur les emplacements choisis et lâchées. Le terrain conquis, une fois organisé par des troupes françaises, les tirailleurs reprenaient le chemin du cantonnement jusqu'à la prochaine occasion. Ce système eut peut-être évité bien des morts inutiles et eut fait justice d'opi-nions qui sont une injure au regard de troupes qui se sont si souvent sacrifiées pour la sauvegarde même de leurs détracteurs.

Et puisque j'en suis à une sorte d'essai psychologique du tirailleur, je signalerai le profit qu'il y aurait à n'envoyer sur le front que des unités constituées. Le système des petits paquets incorporés au hasard des vides est déplorable. Pourquoi le tirailleur se bat-il ? Ce n'est pas par amour de la patrie, cette notion est tout à fait étrangère aux musulmans. Il n'y a pas de nation musulmane ni de patrie musulmane, il y a simplement une solide unité religieuse. Il ne se bat pas davantage pour la patrie française, ce sont là des utopies de journaliste qui n'a jamais approché un bédouin. Non, le tirailleur se bat exclusivement pour son chef. Il est dans sa nature d'avoir beaucoup plus que le respect, la superstition de l'autorité, surtout d'une autorité juste mais implacable. Celui qui commande lui apparaît comme un demi-dieu qui sait tout et possède tous les droits. L'obéissance est pour lui quelque chose d'aveugle, une sorte de " fatum " auquel on ne peut se soustraire. Mais cet état d'esprit ne se manifeste avec profit qu'à l'égard du chef dont il a l'habitude, dont il connaît la voix, qui l'a instruit, formé, dont il a appris à aimer la justice et à craindre la sévérité. Pour peu que le courage, la vigueur physique ait en outre auréolé celui-là de la seule gloire qui compte aux yeux des simples, il a pour toujours la confiance, l'admiration sans borne de ses hommes prêts à le suivre partout. Désormais le tirailleur sait pourquoi il va se battre, ce qu'il ignorait avant. il va se battre pour son chef. Aucune autre notion n'entrera dans son esprit. Aussi, séparez-le de ce chef et vous n'aurez plus qu'un être désemparé, défiant ayant perdu sa raison d'être au combat, prêt à tous les abandons à l'égard de celui dont la voix inconnue lui crie en avant. Et ce n'est pas trop s'avancer que de dire. c'est là qu'il faut chercher l'explication de certaines paniques incompréhensibles chez des troupes réputées pour leur entrain et leur mordant. La question d'homogénéité dépasse ici de loin les bornes habituelles. Mieux vaut ramener en arrière pour la réformer dans le calme une unité trop éprouvée, plutôt que de la renforcer à même la ligne de feu par des éléments étrangers pris au hasard. Si une telle méthode est inapplicable au pied de la lettre, du moins doit-on s'efforcer de faire partir les unités de nouvelle formation avec leurs cadres. Le désespoir des tirailleurs séparés de leurs instructeurs est symptomatique. agir autrement c'est préparer la voie aux plus amères déceptions,

Au cours des furieuses attaques que les Allemands ont prononcées au début de novembre sur le front

Ypres-Dixmude, l'on a pu se rendre compte du danger que présentait, avec des tirailleurs, l'usage du feu à répétition. Sur les cinquante fusils d'une section une dizaine d'armes au moins se trouvaient enrayées. Le mécanisme à répétition est quelque chose de beaucoup trop compliqué ; les français s'y trompent souvent par inadvertance, les tirailleurs presque toujours, faute de compréhension. Dans l'émoi d'une attaque ce malheureux bouton quadrillé est si bien manœuvré à contre-sens, avant, pendant ou après le feu, que le nombre des fusils mis hors d'usage devient une cause de démoralisation et d'infériorité matérielle à l'instant précis où le succès dépend de l'intensité du feu. Il semble donc qu'avec des tirailleurs le feu à répétition doit être complètement banni. Mieux vaut perdre sciemment les cent cartouches qui séparent dans une section le débit du feu à répétition de celui du feu à volonté, plutôt que de courir le risque d'en perdre le double et de semer en outre le désarroi.

A propos de fusils hors d'usage, je signalerai la détérioration complète d'un trop grand nombre d'entre eux, faute de graisse d'arme. Le 4ᵉ bataillon est parti au mois d'août sans une once de cette dernière substance, sans une brosse. Les pluies de novembre l'ont trouvé dans le même dénuement. Je laisse à penser de l'état des armes qui roulaient quatre jours et quatre nuits dans le cloaque des tranchées, sans que les hommes fussent à même aux instants de répit, de procéder à un nettoyage sommaire. Au bout de quelques heures les culasses ne formaient plus qu'un bloc d'une rouille épaisse, dont l'effet nuisible était encore renforcé par les grains de sable qui s'introduisaient dans le mécanisme en entier. Tous les chefs de section peuvent dire le désespoir et la rage qui les ont saisis en voyant sans cesse grossir le nombre des tirailleurs leur apportant la mine déconfite, des fusils ne fonctionnant plus. Certaines sections ont pu se trouver ainsi au moment de la relève avec le tiers de leur effectif complètement désarmé. Le séjour au cantonnement n'améliorait que très peu cette situation faute des ingrédients nécessaires. Les hommes en étaient réduits à recueillir la graisse surnageant dans les boîtes de singe et dont l'action, si peu corrosive soit-elle suffisait à graver définitivement la rouille sur l'acier.

Beaucoup ont été frappés dans les Flandres par les facilités de circulation accordées aux indigènes aux abords même de la ligne de feu. En ce qui concerne du moins le point que nous occupions. toutes les fermes étaient habitées à mille mètres ou douze cents mètres à peine des premières tranchées. Résultat, le pays était infesté d'espions. Malgré l'interdiction faite aux habitants de quitter leur demeure à partir de six heures du soir, il n'y avait pas de nuit où l'on n'aperçut de multiples signaux lumineux. J'ai grandement surpris l'individu qui m'hébergeait à Reninghe-Molène quatre jours sur huit, en lui apprenant qu'un laissez-passer de la brigade lui était nécessaire pour se rendre à huit kilomètres en arrière à Oosoleteren. Le brave homme avait déjà circulé libre de tout papier, rien de fâcheux ne lui était arrivé. Sans être taxé d'une sévérité excessive, l'on eut pu exiger semble-t-il. l'évacuation de toutes les fermes situées dans une zone de trois kilomètres à partir de la ligne de feu,

Je ne voudrais pas terminer ces notes trop succinctes et qui auraient pu gagner à certains développements sans adresser au service de l'intendance les louanges qui lui sont dues. Dès que la retraite a été terminée, nous avons été ravitaillés avec une régularité et une abondance qui tient du miracle. Leur impression étant la mienne, je le sais, je ne doute

pas que mes camarades, s'ils y songent, ne remer-
cient du fond du cœur ceux qui fournissent certainement un labeur écrasant pour arriver à de tels
résultats. Ils ne manqueront peut-être pas non plus
de donner au service de santé la part qui lui revient,
la critique. Il semble que la guerre ait surpris ce
rouage dans un état de désorganisation absolu. Le
service des évacuations, et c'est le sentiment de tous
les évacués, s'est fait dans des conditions détesta-
bles. Le 15 septembre, j'ai roulé pendant trois jours
jusqu'à Limoges dans un wagon à bestiaux qui
n'avait certainement pas été désinfecté ; il y avait de
la paille sur le plancher. Atteint de gastro-entérite
aiguë et de coliques effroyables, j'ai dû attendre jusqu'à Rosny pour avoir une piqûre de morphine. Le
train bondé de malades et de blessés était convoyé
par un unique médecin auxiliaire démuni de tout
instrument et de toute drogue. Pas un pansement
n'a été renouvelé durant le trajet. Au reste, ce fait là
se passe encore de nos jours, je l'ai constaté lors de
ma seconde évacuation. Certains individus ont
voyagé pendant cinq jours, en gardant ce même
pansement qui leur avait été appliqué sur la ligne de
feu, par la main inhabile de quelque camarade. Je
ne sais si c'est là le dernier mot de la médecine de
laisser l'infection s'installer suivant son bon plaisir.
Ce qui est sûr, c'est que des plaies bénignes ont pu
ainsi devenir mortelles. Tel membre qui aurait pu
être sauvé par des soins d'hygiène rigoureux et
fréquents a montré au déballage une pourriture
telle que l'amputation s'en est suivie sur le champ
ou plus tard. Ce ne sont pas là des racontars, le
sujet est trop grave pour que l'imagination y ait sa
part. J'ai eu des exemples de ce que j'avance à
Limoges aussi bien qu'à Nantes. Je pourrai citer des
noms d'intéressés et des opinions de compétences.

Pourquoi les trains d'évacuation ne sont-ils pas

accompagnés du personnel suffisant pour renouveler les pansements durant le trajet ? Les médecins ne manquent pas, il y a pléthore. Au reste, pendant le parcours, le train ne s'arrête-t-il pas souvent des deux ou trois heures dans les gares où existe un personnel médical ? Qui empêcherait celui-ci de renouveler les pansements au lieu de contempler les dames de la Croix-Rouge en train de distribuer des victuailles ! Moins de tartines, mais plus de teinture d'iode et d'eau oxygénée. Que des milliers de plaintes analogues à celles-ci n'aient aucune importance aux yeux de gens qui mettent la science médicale au-dessus de l'organisation matérielle, c'est possible, toutefois les haines qui se préparent, une fois le temps de paix revenu, pourraient les ramener à la réalité.

XXVII

DÉPOT D'ARLES, *20 juin 1915.*

Dans une heure, départ. Ignorons complètement où allons être dirigés.

XXVIII

MAREUIL, *24 juin 1915.*

Me voici au cantonnement de retour de la ligne de feu où je suis allé faire un petit tour bénévolement, histoire de refaire mon oreille au son du canon. Mon voyage a failli d'ailleurs se terminer par un fiasco et j'ai eu toutes les peines du monde à voir en trois heures une demi douzaine de marmites. Mon régiment vient d'être envoyé dans un secteur de tout repos, je devrais dire presque en villégiature, aux abords de Lassigny.

Ces lieux ont été en septembre et octobre le théâtre de combats acharnés, aujourd'hui, c'est le calme absolu. Les français et les boches serrés de part et d'autres dans de formidables retranchements attendent que les combats qui se livrent ailleurs aient fait pencher la balance. Ici rien à essayer, les boches n'ont aucune chance de nous déloger et nous fort peu. Nous avons pris Lassigny à trois reprises sans qu'il ait été possible de nous y maintenir. C'est là une zone neutralisée en quelque sorte par les feux de l'artillerie et qu'aucun des belligérants ne peut occuper.

La vie que l'on mène ici est quelque chose d'étrange qui relève à la fois des bucoliques, et des modes troglodytes. Les trois bataillons du 8ᵉ tirailleurs occupent au milieu des bois un inextricable réseau de tranchées et de boyaux où le fil d'Ariane serait à peine suffisant. C'est du travail boche et je puis l'affirmer, c'est du beau travail. Les troupes qui ont enlevé de tels ouvrages ont du subir de lourdes pertes. Les abords en sont défendus par des monceaux de fils de fer barbelés, des chevaux de frise, et que sais-je encore. Au centre, un castel magnifique, quelque peu endommagé il est vrai, le but chéri des marmites allemandes. Si l'on ne peut y vivre au dedans, on y vit presque luxueusement. au-dessous. Les lits, les fauteuils, les canapés, ont pris le chemin des caves spacieuses et de superbes souterrains qui se rient des marmites du calibre le plus impressionnant. Le château s'est pour ainsi dire retourné sans dessus dessous. Le colonel gras et dodu y vit dans un délicieux farniente agrémenté de cette joie de vivre que donne le sentiment d'une sécurité absolue au milieu de furieuses tempêtes. Les postes de commandement des commandants et capitaines ne le cèdent que fort peu au château du Colonel. Sous quelques six pieds de terre, des abris spacieux abritent des garçonnières du dernier

confort. Encore lits, fauteuils, canapés, armoires,
liqueurs fines pour les visiteurs ; c'est à faire pâlir
un petit maître de jalousie, et l'actrice la plus hup-
pée y trouverait son compte. Le bridge ou le poker
y sont en honneur non moins que dans les salons
« dernier cri ». Les tranchées draînées, avec plancher à clairvoies. permettraient au vernis le plus
fin de s'y promener sans ramasser tache de boue.
Aussi le malheureux qui a connu les Flandres, les
marécages et les inondations de l'Yser, les stations
dans l'eau jusqu'au ventre, les enlisements, se
demande s'il ne rêve pas devant cet étalage de per-
fectionnements inouïs. Quant au danger, réduit à
son minimum. La journée se passe quelquefois
sans un coup de canon et presque sans un coup de
fusil, bien que les tranchées ennemies soient à
peine séparées par un intervalle de cent mètres.
De temps en temps, afin de rappeler aux majors
qu'ils sont là pour quelque chose, des imprudents
consentent à se faire blesser par les guetteurs allemands perchés dans les arbres.

A l'arrière, d'étranges tableaux champêtres permettraient à l'individu le moins émotif d'y trouver
son compte d'étonnement. Des soldats fauchent les
foins, des soldats ratissent, des soldats labourent
et sèment. Le légionnaire romain, prototype du soldat laboureur. reconnaîtrait, sans nul doute ces
pacifiques guerriers pour ses dignes descendants.

Je ne connais rien de plus surnaturel que la rentrée des champs qui voit se dérouler ces longues
théories de troupiers portant sur l'épaule qui le
rateau. qui la fourche, qui la faux. Il y a entre le costume et l'outil un anachronisme si éclatant que l'on
se trouve choqué malgré soi.

Pour moi, je suis en ce moment à Mareuil, à six
kilomètres des tranchées. attendant que l'on veuille
bien statuer sur mon sort. La compagnie de mitrail-

leurs du régiment est complète, je vais donc être affecté probablement à la compagnie de brigade que l'on est en train de constituer. Resterons-nous longtemps dans ce secteur c'est peu probable. Les premier et deuxième bataillons viennent d'être très éprouvés devant Ypres, il faut donc nous attendre à filer dans cette direction.

XXIX

Aux Armées, *le 3 juillet 1915.*

Suis aux tranchées de première ligne depuis quatre jours où nous subissons un bombardement assez intense non sans quelque dommage. Pour ma part, c'est d'un œil tout à fait calme que je considère les marmites bouleverser nos tranchées peu ou prou. J'en suis arrivé à ce point où, cuirassé d'un beau fatalisme, on attend placidement l'échéance fatale. Je gémis beaucoup plus de l'atmosphère dans laquelle nous vivons.

Ce terrain est farci des cadavres de septembre. Nous les avons déterrés en creusant nos tranchées et enfouis de nouveau à la hâte. Je dois en avoir derrière la cloison de mon abri parce que j'ai chez moi des infiltrations garanties comme triple extrait de machabée. Je suis envahi par des légions de rats et des tourbillons de mouches à viande grosses comme le pouce. Le guerrier jouit certainement de grâces spéciales pour supporter sans faiblir de telles situations.

XXX

Aux Armées, *le 8 juillet 1915.*

Rien de bien saillant. Toujours autant d'asticots, de mouches et de rats, la canonnade, quelques blessés, quelques morts. J'oubliais les puces et les punaises, il y a dix jours déjà que je ne me suis pas déshabillé. Gens qui vous promenez librement en chemise, vous ignorez votre bonheur et le prix de cette ineffable sensation.

XXXI

Aux Armées, *le 12 juillet 1915,*

Me voici rendu à destination. Je quitte un secteur tranquille, celui-ci va l'être beaucoup moins. La censure est ici terrible. Tout ce que je puis dire c'est que je ne suis plus en France et que nos tranchées bordent la mer du Nord.

XXXII

Aux Armées, *le 17 juillet.*

Je me trouve actuellement dans le secteur Oost-Dunkerque-Nieuport et au repos pour trois jours, de retour des tranchées. Le régiment y occupe de concert avec les zouaves une position difficile dont les communiqués font mention à tout moment et où nous avons l'ordre de nous maintenir coûte que coûte, c'est la grande dune. L'on s'y bat de part et d'autre dans les conditions les plus pénibles, enfouis dans une mer de sable que le vent déplace au gré de sa fantaisie. La pelle et la pioche doivent être maniées sans répit pour éviter le nivellement des boyaux et des tranchées toujours sur le point d'être comblés.

Au milieu de cette nature hostile le combat est implacable et perpétuel, c'est une lutte au couteau un corps à corps incessant. Certains postes d'écoute sont à huit mètres des positions adverses. Tout ce que l'esprit humain a pu inventer d'engins destructeurs est ici mis en œuvre : bombes, grenades, saucisses, bouteilles, torpilles aériennes plus terribles que les 420 et susceptibles d'enfouir des sections entières. L'artillerie n'est pas en reste. Du 77 rageur au monstrueux 420 toute l'échelle des calibres se donne libre cours. C'est au milieu de cet enfer que les hommes vivent et meurent.

Nous remplaçons ici un régiment de zouaves, le 1er, qui depuis six mois a tenu ferme comme un roc, de concert avec le 4e zouaves qui, lui, reste avec nous. Ce qui m'a le plus frappé chez ces troupes d'élite, c'est la gravité qui empreint tous les visages. Dans le secteur que nous venons de quitter, il y avait dans la tranchée même des instants de répit, des heures de détente, des sortes d'armistices tacites entre les combattants. Ici, rien de tout cela. Dès la tranchée, l'angoisse vous prend et ne vous quitte plus. La mort rôde partout et vous guette dans tous les coins ; le combat y sévit sans arrêt, un combat horrible que n'embellit pas l'ampleur des grands chocs, l'élan magnifique des charges où l'homme voit l'homme, un combat sournois, hypocrite qui suinte le meurtre. L'œil qui vous guette n'ose même plus le faire directement, appelant à son aide la glace des multiples périscopes qui dépassent à peine les parapets et dévoilent jusqu'aux moindres mouvements. Il faut être sur un perpétuel « qui vive », l'imprévoyance ou l'inattention mènent droit à la mort. Celui qui veut défendre sa chance ne doit compter que sur un esprit toujours tendu, un œil sans cesse aux aguets. Peut-être à cette condition verra-t-il arriver assez tôt dans les airs la torpille à la lente trajectoire et pourra-t-il se garer de la bombe dont la mèche brûle quelques rapides secondes avant d'éclater. La vue et l'ouïe d'un peau rouge seraient nécessaires : l'homme de la nature est ici roi.

XXXIII

Aux Armées, *le 21 juillet 1915.*

La lutte se déroule toujours incessante et impitoyable. Les Allemands s'y font remarquer par un arrosage aussi copieux d'obus asphyxiants ; nous ne combattons plus qu'armés de lunettes, du tampon masque et de la cagoule, Wells ou Robida n'ont imaginé dans leurs livres rien de plus fantasmagorique que la silhouette du guerrier moderne.

Malgré ce beau déploiement de sauvagerie, nous tenons ferme et les assassins d'en face n'ont pas beau jeu. Ils ont tenté le mois dernier dans notre coin une attaque qui leur a coûté un millier d'hommes en quelques minutes, depuis ils se le tiennent pour dit. Ils ont d'ailleurs pour leur rafraîchir la mémoire une centaine des leurs, des fusiliers marins, qui pourrissent devant nos tranchées, dévorés par des centaines d'étourneaux qui se gavent d'asticots. Des volontaires sont allés pendant la nuit arroser de chaux toute cette bocherie, l'odeur, bien que forte n'est pas trop génante.

XXXIV

AUX ARMÉES, *le 30 juillet 1915.*

C'est au milieu d'un épouvantable fracas que j'esquisse ce rapide tableau du combattant dans les tranchées de Nieuport. Les grosses pièces françaises et boches s'en donnent à cœur joie, ébranlant jusqu'aux entrailles le sol qui vacille sous les pieds. Mon abri gémit de toutes parts, les sacs de terre s'effondrent au choc des vibrations.

Qu'il faille une certaine habitude pour rassembler ses esprits dans cette atmosphère, peut-être. Cependant, penser ou écrire est encore en l'occurrence le meilleur moyen pour dominer ses nerfs et attendre des heures plus calmes. Je dis calmes quant au bruit, non quant aux œuvres de mort, L'instinct du meurtre ne s'est jamais montré plus violent et plus hideux qu'ici. Durant le jour, la voix du canon oblige les plus acharnés à se terrer. Mais à peine s'est-elle tue avec le dernier rayon de soleil, qu'aussitôt commence à la faveur de la nuit un combat atroce, sanglant, sans merci, un véritable combat d'assassins et non de guerriers, où l'on s'étripe à cinquante pas avec les engins les plus effroyablement hypocrites et meurtriers. Ce n'est pas l'épée loyale qui couche les braves, l'amoureuse des jours radieux et des clairs soleils pour mieux flamboyer, c'est le surin de l'apache profitant des lâches ténèbres pour frapper dans le dos.

Ces armes de coupe-jarrets « made in Germany » sont dans l'ordre de leur importance : d'abord la torpille aérienne, 0^{m}80 à 1 mètre de haut, cinquante kilogs d'explosifs environ. Effets ? Egale et surpasse peut-être le 420, fait le vide absolu dans un rayon de vingt mètres, grande destructive de parapets. Caractère ? Déteste se faire annoncer.

Un bruit très sourd, étouffé, attention ; c'est la dame qui sort de chez elle. La grenade à fusil, mince et élégante, haut perchée sur sa tige en cuivre. Assez peu souvent mortelle mais fort capable d'estropier tout ce qui l'entoure. Le saucisson, monsieur dodu et replet comme l'indique son nom, gavé de trois ou quatre kilogs de cheddite. Voisinage immédiat à éviter, très bruyant et terrible quand on lui marche dessus. A fait hier vingt-huit morceaux, dûment comptés d'un zouave qui l'a regardé de trop près.

Je cite pour mémoire grenades à main, raquette, etc. Et voilà en raccourci les engins qui de la brume à l'aurore s'acharnent contre nos parapèts. Qu'une de ces claires nuits d'été dont la douceur semble prêcher la paix aux vivants épande la blonde lumière de sa lune radieuse, que le vent du large souffle en tempête, que le tonnerre semble le disputer à la fureur des humains, insensibles aux beautés comme aux bouleversements de la nature les hommes s'affairent auprès de leurs infernales machines. Au fracas terrifiant des torpilles qui ouvrent dans le sol de fulgurants cratères, succède le bref éclatement des saucisses ou le déchirement rageur des épis. Parfois, comme par une magie, tout cesse. Le silence succède au vacarme, mais un silence lourd, angoissant, tout chargé de ténèbres et de menaces, où les nerfs se tendent à se briser, ou la bête, flairant le danger venir, se révolte contre la conscience qui lui crie : « reste là ». Puis, d'un coup, la mitraille éclate, chaque engin vomit la mort, le feu rugit de toutes parts.

Dans cet enfer, malheur à celui qui terrifié et tremblant se colle contre le parapet ou imitant l'autruche, met sa tête sous un sac de sable. C'est le bon moyen pour ne pas en réchapper.

Non : quelque étrange qu'une telle attitude puisse paraître, nous sommes tous le nez en l'air comme de bons badauds guettant la dernière comète. Badauds, nous le sommes en effet, héroïques badauds peut-être, mais à coup sûr badauds attentifs et clairvoyants, car il y va de notre peau. Ce que nous guettons, les yeux démesurément ouverts, ce sont des comètes et des bolides qui n'ont rien de céleste, bien que voyageant sous le patronage du vieux Bon Dieu allemand. C'est sa majesté torpille, dont la lente trajectoire laisse dans le ciel un sillage légèrement lumineux. C'est ce gros ventru de saucisson qui arrive, toute mèche allumée, culbitant sur lui-même comme un joyeux clown.

Donc, il faut ouvrir l'œil et avoir le sens de la balistique, on n'a pas une heure pour se garer. Les dixième de seconde valent ici la vie d'un homme. Cependant, avec un peu d'habitude, du sang-froid, on finit par percevoir ces dangereux visiteurs, et profiter de la seconde qui s'écoule avant leur chute pour faire trois bonds forcenés et s'étaler à plaventre sans aucune vergoge. Une formidable explosion, la sensation du sol qui s'entr'ouvre, une fumée âcre, une avalanche de terre, puis on se relève quelque peu abruti mais de nouveau le nez en l'air, plus badaud que jamais. Certes, les choses ne finissent pas toujours ainsi. Notre astronomie, si attentive soit-elle, n'évite pas quelquefois de sanglantes conclusions. Il y a les maladroits, il y a les imprudents, il y a les fatalistes, il y a la surprise des premiers projectiles, il y a aussi la fatigue et une tension d'esprit telle que, la défaillance est inévitable. On ne peut sans cesse scruter le ciel. Puis enfin, il y a les balles, les obus, les grenades, qui ne sont pas visibles eux, et surprennent leur monde au parapet, dans les abris, là où ils semblent souvent ne devoir jamais venir.

Un seul remède est ici de mise, l'esprit de sacrifice, l'espoir en sa bonne étoile.

Au demeurant, nous ne sommes pas en reste vis-à-vis des assassins d'en face. Quelque dégoût que ce genre de combat nous inspire, il a bien fallu en venir aux mêmes procédés. Le rôle de victime ne convient qu'aux faibles ou aux niais. A leurs torpilles nous répondons par d'autres tout aussi effroyables, à leurs saucisses par des bombes à ailettes, à leurs épis, par l'aboiement de notre crapouillot annonciateur de bombes jumellées. Le massacre n'est pas moins grand non plus que la soif du meurtre, légitimée, quant à nous, par la justice et le droit.

Evidemment, après quatre jours de ce duel farouche où l'on défend sa vie minute par minute, pied à pied, contre un ennemi acharné à votre perte, vous devez supposer quel état de fatigue est le nôtre. Je dis fatigue, non découragement. Le sentiment du devoir et de l'avenir que nous préparons au prix de notre sang, nous donnent la foi dans le triomphe et l'énergie nécessaire pour le conquérir. Fourbus, mais toujours ardents, nous partons vers l'arrière goûter le bienfaisant repos par qui le jour de la relève nous retrouve prêts au combat et à l'action.

XXXV

Aux Armées, *le 3 août 1915.*

Je suis actuellement au repos, retour des tranchées. J'y ai eu les honneurs d'un magnifique bombardement essentiellemeut composé d'obus de 150 et de torpilles. J'ai perdu deux hommes à la première pièce et un à la deuxième, tous les trois grièvement blessés. Pour moi, toujours indemne, bien que l'ayant échappé belle à deux reprises. Un zouave m'a sauvé la vie m'avertissant à la seconde près où un saucisson descendait droit sur moi. Je n'ai eu que le temps de faire deux bonds et de m'allonger. J'en ai été quitte pour une forte secousse.

XXXVI

Aux Armées, *le 9 août 1915.*

Rien de bien nouveau. Toujours la batailile et cet épouvantable bombardement qui nous cause des pertes assez sensibles. Un de nos collègues a été tué il y a trois jours d'un éclat d'obus qui lui a partagé la tête. Puisse ma bonne étoile me continuer longtemps ses bons offices !

XXXVII

Aux Armées, *le 10 août 1915.*

Joffre l'a décrété ! A partir d'aujourd'hui c'est grandes ouvertes que nous devons remettre nos lettres à un censeur armé, tel un rabbin, du ciseau qui doit les circoncire. On ne recevra donc plus de moi que de simples cartes fleuries de cette éloquente mention : « Je suis toujours vivant ». C'est la seule littérature que l'Etat-Major nous permet, estimant sans doute, que nous n'avons pas le droit de gaspiller en fatigues cérébrales des forces dont nous sommes comptables avec la Patrie.

Voilà réalisée de façon radicale, même socialiste, l'égalité pour tous, dans le domaine des lettres. Sous la capote bleu horizon, cette grande unificatrice, la manière de noircir son papier était la seule différence qui distinguait encore le « sale borgeois » de « l'ouverrier ». Ecroulée, désormais, cette dernière bastille ! Rien ne ressemblera plus chez nous à la lettre d'un valet de ferme, que la lettre d'un académicien. Quand on y songe, à quoi bon tous ces écrivassiers qui s'épenchaient interminablement en de vaines dissertations philosophiques, économiques, géographiques, géologiques, historiques artistiques, psychologiques, pédagogiques, gastronomiques, agronomiques, hygiéniques, sophistiques, hyperboliques, philantropiques, académiques, soporifiques, et que sais-je enfin, tout un fatras qui sentait encore son pékin à une lieue près.

« Je suis toujours vivant ! » Voilà bien de la bonne littérature de guerrier, claire, énergique, toute imprégnée de la concision et de la simplicité des choses militaires. Soyez donc confondus, et ouvrez vos yeux à la lumière, civils incrédules, marchands de fil qui rampez dans l'ornière où pousse l'ivraie des fleurs de rhétorique. Mais elle remplace tout, cette phrase magique ! La lettre de l'amant à sa maîtresse, la lettre du mari à sa femme, celle du rentier à son notaire, celle du commerçant à son fondé de pouvoir. Oui, moi la Censure, votre mère à tous, je vous le dis en vérité, c'est la quintessence du verbe, de la pensée et du sentiment.

Comment ?.... vous dites... l'amoureux ?... Ah ! vous seriez heureux d'appeler votre Eurydice ma cocotte en sucre, mon petit rat vert ? De lui rémémorer certains détails intimes qu'il répugne à votre délicatesse de laisser connaître à un censeur ? Fi ! Monsieur !,.. Vous, le mari, de traiter d'affaires familiales ou de difficultés intérieures des plus secrètes ? Fi ! Monsieur !...

Vous, le commerçant d'établir un bilan difficile ? Fi, Monsieur... Oui, fils, frères, amants, maris, commerçants, fi ! fi ! fi ! encore fi ! qu'il vous déplaise de donner votre moi en pâture à la curiosité, qu'importe ! ce sont là balivernes qui ne peuvent qu'amollir de valeureux guerriers. « Je suis toujours vivant ! » cela sufit ! Que votre amante y trouve une caresse, votre mère un réconfort, votre épouse un conseil ou une morale, votre gérant une directive.

Au reste, quels ingrats vous êtes ! En vous obligeant à renfermer votre pensée en quatre mots, je fais couler pour vous une source intarissable de distractions. Ces quatre mots vous semblent monotones, pauvres ? Exercez votre esprit à les remplacer par d'autres plus expressifs, plus adéquats à votre tempérament, à votre situation. Je vous ouvre l'horizon des combinaisons infinies, je crée à votre usage le « puzzle » de la linguistique. N'oubliez pas, toutefois, mon ultime et impérative recommandation, pas un seul indice qui puisse révéler le théâtre de vos exploits. »

Ainsi parle la Censure, notre mère à tous, et le malheureux poilu sombre dans les abîmes du déséspoir. La langue française, tout entière, lui apparaît hérissée de menaçantes équivoques pleines d'arrêts de rigueur et de jours de prison. Les détails les plus anodins, les mots les plus humbles, les plus familiers, ceux que sa mère-nourrice lui apprenait tout enfantelet, lui semblent autant de louches compagnons prêts à le trahir.

Ainsi toi, par exemple, tu écrirais naïvement :

« la mer est belle, le vent du large caresse ma chevelure ». Malheureux ! mais se serait ta perte. La censure n'aurait pas assez de rigueurs pour un tel forfait. Quoi ! tu ne saisis pas? Eh bien, tu signales que ton unité occupe le bord de la mer. Situer l'endroit précis n'est plus qu'un jeu. Ne va pas t'aviser de rappeler à un joyeux compère l'époque bienheureuse où vous fredonniez ces spirituels refrains : « Ils sont dans les vignes, les moineaux... » ou bien « Ah ! l'envie me démange, d'aller en vendange... ». C'est clair comme le jour, n'est-ce pas, tu es donc dans un pays de vignes. Tout le monde la connaît cette célèbre région du plus français des vins, De même, n'attendris pas une chaste épouse de cette patriarcale vision, où fiancés, vous tenant par le petit doigt, vous alliez, innocente jeunesse, par les sentiers fleuris, fredonnant ces poétiques centilènes d'amour : « Pour fêter nos vingt ans, Oh! viens mon adoré, é, é, e. Respirer le printemps, Dans la verte foré. é. é, e. ». Ou encore : « Le vent souffle dans la ramure ». Oui, sans doute, il y a des ramures partout, mais enfin tu indiques déjà que tu es dans une région boisée. La cause est entendue, si tu n'es pas puni, on aura l'œil sur toi. Maintenant, si tu as l'imprudence d'écrire « le vent souffle dans les pins ou dans les sapins », ça y est, on sera sans pitié. Tu parles d'essences arborifères qui sentent leur montagne à plein nez, tu es au moins dans les Vosges. Un bon conseil, crois-moi, ne parles qu'avec circonspection des haricots. Nous savons tous qu'une région particulièrement ravagée produisait en abondance ce légumineux indigeste. Souviens-toi aussi qu'il y a les madeleines de Commercy, les dragées de Verdun, les confitures de Bar-le-Duc, etc..., etc... et que sous un aspect exclusivement culinaire, il ne peut rien y avoir de plus dangereux que des aperçus gastronomiques.

Alors, quoi, diras-tu ! ni détails géographiques, ni détails historiques, ni détails botaniques, ni détails géologiques, ni détails agronomiques, ni détails gastronomiques, ni poésie, ni chansons, mais que reste-t-il, Grands Dieux ! que reste-t-il ! eh bien ! on te l'a dit, cherche, amuse-toi, le puzzle, le puzzle ! Par exemple l'on peut rééditer avantageusement la phrase de je ne sais trop quel roi : « Madame, il fait très froid et j'ai tué six loups. » Pourquoi n'écrirait-on pas à sa femme : « Madame, il fait très froid et j'ai tué six poux ». Je sais, de pareilles perles ne sont pas à la portée de tous. Sans doute, le parc aux huîtres est public et la Censure proclame : cherchez-y votre pâture. Mais gare la noyade. Aussi, croyez-m'en pêcheurs novices, pêcheurs imprudents, fuyez les fonds dangereux où croissent et vivent ces perles. Tenez vous en aux bords accueillants et faciles, où vous ramasserez sans peine la nacre vulgaire. Comme la Censure, notre mère à tous, je vous le dis en vérité, soumettez-vous, fermez votre cœur et éteignez votre intelligence, oubliez vos intérêts, et que désormais s'étale seule sur le papier cette phrase qui doit sauver la France : « Je suis toujours vivant ».

XXXVIII

Aux Armées, *le 13 août 1915.*

Le grand quartier général vient de suspendre la mesure draconienne sur qui ma verve s'est excitée, il y a quatre jours. Il est probable que l'unanimité des protestations a impressionné les hautes sphères.

XXXIX

Aux Armées, *le 20 août 1915.*

Rentre de la tranchée à l'instant, les nerfs brisés

par un duel d'artillerie qui a duré vingt-quatre heures, sans arrêt. Puis nous avons eu un semblant
d'attaque. Je dis semblant, car les boches sont ren-
trés dans leurs tranchées plus vite qu'ils n'en étaient
sortis ; ils n'ont seulement pas fait dix mètres.

Durant ces quatre jours, ma section n'a perdu
qu'un homme, la poitrine traversée par une balle,
Pour moi je suis abruti mais toujours entier.

XL

AUX ARMÉES, *le 30 août 1915.*

Qu'on ne s'imagine pas nos tranchées comme
toutes les autres tranchées du front. Elles sont en
relief au lieu d'être en creux. L'emplacement qu'elles
occupent est situé soit dans les dunes mouvantes,
soit dans le polder ; marécages d'hiver où l'eau
affleure encore le sol en été. Dans le premier cas,
des tranchées en creux se fussent comblées en
quelques jours sous l'action des vents ; dans le
second, leur entreprise eût été arrêtée dès l'abord,
toute excavation de plus de vingt centimètres se
transformant en source. Il a donc fallu recourir à
des défenses constituées de *millions* et de *millions*
de sacs remplis de terre accumulés sur une profondeur de quatre à cinq mètres et sur une hauteur
de deux environ. Bien entendu, les Allemands se
sont trouvés dans la même obligation. Peut-on rêver
pour une artillerie, cible plus admirable que ces
formidables parapets jaillis du sol sur plusieurs
kilomètres de long et se détachant au-dessus
comme le nez de Cyrano sur son visage. C'est pour
le canon un jeu et une fête de bouleverser chaque
jour les travaux de la veille. Aussi, tant que le soleil
éclaire, est-ce une mitraille déchaînée qui sans
arrêt vient creuver les parapets, éventrer les abris,
et faire voler planches et sacs jusqu'aux nues.
Enfin la nuit vient et musèle l'artillerie qui n'ose

taper sur les premières lignes adverses, de peur d'écharper les siennes propres en raison de la courte distance qui les sépare.

Si quelques bordées d'obus sillonnent le ciel, ce sont de monstrueuses marmites qui vont chercher à quelques kilomètres vers l'arrière, les convois de ravitaillement ou de munitions que l'on entend rouler dans la nuit.

Pour nous, le hurlement des crapouillots et des mortiers qui dès la brune se répondent frénétiquement d'une tranchee à l'autre, marque l'heure des durs travaux. Le fusil ne fait pas tout, la pelle et la pioche jouent un rôle aussi important. Il s'agit de profiter des ténèbres pour réparer les dégâts de la journée, renforcer les parapets, redresser les abris, combler les entonnoirs, raccorder les réseaux de fil de fer coupés, remplacer les chevaux de frise aplatis, tout cela en ayant encore l'œil aux aguets pour ne pas recevoir une torpille, un saucisson ou un baril de choucroute sur la tête. Pendant qu'une partie des hommes veille aux crêneaux, l'autre court aux outils. Les corvées affluent de l'arrière apportant qui les sacs de terre, qui les traverses, qui les rouleaux de fil de fer, enfin jusqu'à l'aube c'est une véritable fourmillière, mais une fourmillière de muets, presque une fourmillière de fantômes.

Pas un cri, pas un bruit, pas un choc. Nul fer ne résonne, le maillet s'entoure d'étoupe ainsi que le piquet qu'il frappe. De votre silence dépend ici votre vie. Une pelle qu'on heurte, un madrier qui choit, un indice quelconque susceptible de révéler aux patrouilles ou guetteurs ennemis le travail qui s'accomplit et aussitôt c'est la fusillade, c'est l'avalanche certaine de tous les engins de tranchée. Dès le jour, le point signalé à l'ennemi sera couvert d'obus. Résultat : quelques cadavres en plus, et un travail à recommencer.

L'antiquité a eu son tonneau des Danaïdes, Sisyphe et son rocher, nous avons beaucoup mieux, nos tranchées aussitôt par terre que reconstruites. Notre patience et notre courage sont d'ailleurs à la hauteur d'un supplice gaîment accepté, dans la certitude où nous sommes que la fortune des boches n'est qu'apparente. Les monstrueux charniers polonais ne sont pas finis, acharnés que sont nos ennemis à la poursuite du mirage qui s'appelle la destruction de l'armée russe. Les dernières masses austro-boches sont en train de s'enfoncer dans un pays d'où elles ne reviendront pas. L'armée russe recule, tant mieux ! elle reculera encore avec cette ténacité coutumière qui vaut à l'ennemi des pertes inconcevables et a eu toujours finalement raison des meilleures troupes. L'adversaire chaque jour plus épuisé, referme sans cesse ses bras dans le vide à la recherche d'une étreinte définitive. Même si nous n'étions là, l'espace et le temps suffiraient à l'abattre. Quelque étrange que puisse paraître cette affirmation à l'heure où les hasards de la guerre semblent favoriser passagèrement les armes allemandes, je dis que la puissance de ces armes et la force allemande tout entière va vers son déclin. Nous avons ici des renseignements précis qui ne permettent pas de douter de la détresse de l'Allemagne. On n'y parle plus seulement de paix en passant, comme d'un vague désir : beaucoup la réclament ouvertement en présence même des prisonniers français. Certains médecins renvoyés dernièrement en France ont été pressentis par les Allemands pour faire chez nous une propagande en faveur de la paix. Nous savons aussi que les jeunes classes allemandes 1916-17 n'offrent que des ressources en hommes très réduites et de qualité inférieure, écrémées qu'elles ont été par des engagements volontaires provoqués à l'excès, et dépassant plusieurs centaines de mille. Vous n'êtes pas, en outre, sans remarquer l'inactivité de l'armée française qui se borne à la plus stricte défensive, alors que ses moyens lui permettraient déjà une offensive victorieuse. Vous devez sentir que les instants que nous vivons sont ceux qui préparent les grands orages. La poussée ne se fera qu'au moment où la certitude de l'écrasement brutal et rapide sera obtenue. Ce ne sera pas la poussée d'une seule nation, ce sera la poussée coordonnée de tous les alliés à la fois, les balkaniques y compris. Ce sera quelque chose de foudroyant par le nombre et surtout par l'armement. Une avalanche monstrueuse d'explosifs préparant une avalanche d'hommes. Quand cela ? Personne ne pourrait le dire. Donnez le temps aux usines et à la diplomatie de préparer les voies. Mais le branle une fois donné, la rapidité des événements vous étonnera. Si donc vous entendez à l'arrière s'élever autour de vous des voix pessimistes, il est de votre devoir de les dénoncer et de les forcer au silence, car elles sont nos pires ennemis. Nous fusillons ici des hommes pour des faits qui ne sont que des délits, à côté des crimes de lèse-patrie commis par les semeurs de panique.

XLI

Aux Armées, *le 3 septembre 1915.*

Vous serez sans doute quelque peu surpris de voir parmi les photographies que je vous envoie, le défilé de bruyantes fanfares dans un cantonnement situé à peine à quatre kilomètres des premières lignes et copieusement arrosé de temps à autre. Ce spectacle vous donnera la mesure exacte de notre moral.

Nous nous régalons ici deux fois par semaine

d'une excellente musique qui nous est prodiguée par les fanfares tout à fait remarquables du 4e zouaves et des territoriaux." Nos jouissances de mélomanes sont surexcitées par cette perspective assez piquante, que Messieurs les boches entendent parfaitement dans leurs tranchées la sonorité des cuivres français. C'est une sensation qui vaut son prix, croyez-le bien, de songer que les accents du « Chant du Départ » ou de « Sambre et Meuse » vont chatouiller des oreilles teutonnes. Au surplus, chaque matin et chaque après-midi, les cliques partent à leur répétition tambours et clairons déchaînés. C'est un vacarme qui doit s'entendre au moins à Westende. Aussi dans la tranchée, il faut entendre guoguenarder les zouaves, le visage tout épanoui à la pensée que les voisins d'en face prennent un avant-goût des marches qui précèderont nos entrées triomphales là-bas, sur le Rhin.

Evidemment, ces flots d'harmonie nous valent bien un supplément de marmites, mais il faut excuser ces braves boches, on serait nerveux à moins. A-t-on jamais idée ! une nation que l'agence Wolff, ce dernier refuge de la vérité, représente comme au terme de l'avachissement, et qui s'avise de mêler de joyeux flons flons au fracas des obus « made in Germany » ! c'est à douter du vieux Bon Dieu allemand et de l'effet des produits Krupp, ce grand maître de la « Kultur ».

D'excellentes fanfares, c'est déjà fort beau, n'est-ce pas ? Eh, bien, nous avons mieux. Ici se donnent des concerts classiques de premier ordre, où de grands prix du conservatoire, piano et violon, le disputent à des ténors et barytons de l'Opéra. Des acteurs de l'Odéon, des chanteurs Fragsoniens, des étoiles de cabarets montmartrois, toute une pléiade d'artistes dignes des meilleures scènes, se trouvent également parmi nous. Oui, à quatre kilomètres des boches, sous la perpétuelle menace de leurs canons.

Et c'est d'une coquetterie bien française que ce souci de l'art, de la bonne humeur, de la gaieté jusqu'au seuil de la tombe. Les camarades meurent, là, tout près ; demain, sera peut-être notre tour, une marmite peut même à l'instant interrompre la romance d'un point d'exclamation brutal, en étripant acteurs et spectateurs, qu'importe ! le chanteur a une belle voix, le pianiste des doigts agiles, gai ! gai ! l'heure est bonne, la vie est belle. Et l'on s'amuse d'un esprit aussi libre qu'à cent lieues du champ de bataille.

Au reste, j'étonnerai encore davantage si je disais qu'à huit ou neuf cent mètres des boches, au milieu de ces ruines lamentables qui s'appellent Nieuport, cet amas monstrueux de plâtres et de gravas, cet inconcevable chaos de poutres calcinées, de fers tordus, de murs branlants, on fait de la musique. Le soir venu, glissez-vous le long des murs. Vous percevrez clairement les notes perlées de pianos qui ont émigré depuis de longs mois du rez-de-chaussée à la cave. Là, de paisibles mélomanes distillent de douces mélodies, nullement émus du fracas des 305 qui écrasent les pans de murailles.

Je dois dire que cet infernal séjour en apparence inhabitable est en réalité très habité. Des colonels y ont leur poste de commandement, des médecins leur poste de secours, des régiments entiers leurs cuisines. Le jour, c'est le désert, le royaume de la mort. Pas âme qui vive à la vue. Se risquer dehors sans utilité, c'est se suicider. Mais dès que la nuit descend et que les ténèbres s'épaississent, dans toutes les rues, des centaines d'ombres surgissent comme autant de fantômes sortis du sépulcre pour courir à je ne sais quelle danse macabre.

Heureusement. ces fantômes ont des voix et une mine fort joviale ne laissant aucun doute sur leur matérialité. Ce sont simplement les caves qui dégorgent leur population troglodyte, avide d'air et de mouvement. Comme par magie, la vie reprend avec une incroyable intensité. Les convois arrivent, les corvés d'ordinaires affluent. les relèves se croisent, les équipes de travailleurs s'organisent, c'est de toutes parts un va et vient affairé, un concert de chuchotements qui donne à toute cette activité des allures de mystère.

De çi, de là, échappés de dessous terre, des rougoiements d'incendie rasent le sol. Au fond de souterrains vomissant des tourbillons de fumée, des langues de flammes se tordent, des visages surgissent violemment éclairés, des bras s'agitent plongeant de gigantesques fourchettes dans de gigantesques marmites. Ce n'est pas là le tableau de quelque horrible sorcellerie car cette démoniaque mise en scène est présidée par nos cuisiniers.

Pour ne pas dévoiler leur présence et nous faire manger chaud, ils se rôtissent stoïquement. Ce sont des héros. Inévitablement, malgré la nuit, un obus vient de temps en temps jeter le désarroi.

Mais celui-ci est de courte durée. Les morts vont au cimetière, les blessés au fourgon automobile, puis tout reprend son cours ainsi que le fait une calme rivière après le pavé qui vint un instant troubler sa surface.

XLII

Aux Armées, *le 7 septembre 1915.*

Je viens de voir défiler au large une escadre forte de soixante ou soixante-dix navires. Les boches commençent à tirer dessus, sans résultat d'ailleurs. Zeebruge et Ostende sont condamnées à être canonnées cette nuit. Pauvres " Kamarades "!

La canonnade fait rage ici mais est effroyable du côté d'Ypres. J'écris dans un vacarme épouvantable, les obus arrivent jusqu'à cinq cents mètres de notre cantonnement. Encore un peu et il va falloir descendre à la cave.

XLIII

Aux Armées, *le 9 septembre 1915.*

Ainsi que je le prévoyais, l'escadre dont je vous parlais a bombardé les positions allemandes de la cote belge. Les journaux nous ont annoncé que nos grosses batteries de terre y ont aidé. Je n'ai jamais entendu quelque chose d'aussi terrible. Les ténèbres par moment semblaient s'embraser et le ciel vomir du feu.

Dans quelques heures, j'aurai gagné la tranchée. Le bombardement y sévit plus que jamais. Nous avons eu hier un homme grièvement blessé et une pièce mise hors de service par une marmite. Nous recevons en ce moment pas mal d'obus de marine. Ce sont des obus à triple ceinture de cuivre, calibre 210 vraisemblablement. Il n'est pas d'abri ou de parapet qui résiste. Du courage donc, et en avant dans la fournaise pour quatre jours.

XLIV

Aux Armées, *le 20 septembre 1915.*

Notre corps d'armée, le 32ᵉ vient d'être l'objet d'une citation élogieuse. C'est la juste récompense due à nos morts de tous les jours, à nos souffrances et à nos sacrifices incessants.

Depuis sept mois, défend ses positions contre les attaques incessantes de l'ennemi. Dans cette lutte sans trèves, ni repos, il fait montre des plus belles qualités : discipline, endurance, courage. Chefs et soldats sont animés du plus haut sentiment du devoir, ils honorent l'armée.

XLV

Aux Armées, *le 29 septembre 1915.*

L'offensive est déclanchée. Des communiqués de source officieuse, il semble résulter que la deuxième ligne boche est percée à hauteur de la ferme Navarin. S'il en est ainsi, la formidable position constituée par l'éperon de Tahure va être tournée et les boches n'ont plus qu'a décamper, dare, dare. Du côté d'Arras, la position de Vimy serait également en notre possession. Elle domine soixante-dix kilo-mètres de plaine environ, c'est un irrésistible atout dans notre main. Quoiqu'il en soit du résultat final de l'offensive, les résultats déjà obtenus peuvent satisfaire toutes les ambitions. C'est auprès des neutres un argument diplomatique qui vient à son heure pour dissiper les opinions tendancieuses suscitées par notre apparente inaction. Notre rôle ici pour l'instant est de maintenir l'ennemi. Canons et engins de tranchée font rage, nous vivons au pied de la lettre, sous une voûte de fer et de feu.

Tous les jours, la flotte anglaise vient bombarder les défenses boches, c'est un effroyable vacarme, une vision de cataclysme. Comment l'organisme ne devient-il pas la proie de la folie, les ressources de la nature sont incommensurables.

XLVI

Aux Armées, *le 1er octobre 1915.*

Heureuse nouvelle. Je suis cité à l'ordre du jour de la Division dans les termes suivants :

FAULONG Léonce, sous-lieutenant à la Compagnie de Mitrailleuses. — A demandé à prendre le com-mandement d'un groupe de volontaires chargé d'une mission particulièrement périlleuse. Attaqué par des forces supérieures n'a pas hésité, pour regagner les lignes françaises, à franchir à la nage une rivière qui l'en séparait, et a réussi grâce à son calme et à son courage à ramener dans nos lignes tous les volontaires partis avec lui.

L'incapable qui nous commandait vient enfin d'avoir l'oreille fendue. Le nouveau colonel commence donc à rendre justice aux officiers qui avaient mérité plusieurs fois les suprêmes récompenses.

XLVII

Aux Armées, *le 4 octobre 1915.*

La grande offensive générale subit un temps d'arrêt. Est-ce définitif ? Est-ce temporaire ? Dans quatre ou cinq jours, l'on sera fixé. Les résultats acquis sont déjà considérables surtout du côté d'Arras où depuis les crêtes de Vimy nous tenons la plaine de Lens sous nos canons. Les résultats diplomatiques de nos succès sont encore plus appréciables. Ils nous valent la mobilisation grecque en face de la Bulgarie, la coopération roumaine à peu près certaine, enfin et surtout la destruction de cette opinion qui avait des racines profondes dans le monde entier : « Le front allemand occidental est une forteresse inviolable. »

Dès aujourd'hui, avec la démonstration de notre puissance, la preuve du contraire est faite aux yeux de tous. Encore des canons, encore des obus, la certitude du succès est acquise.

XLVIII

Aux Armées, *le 11 octobre 1915.*

Je sors d'une fournaise sans nom et suis à me demander comment je ne suis pas mort ou devenu fou comme plusieurs autres.

Nous venons de subir pendant quatre jours mortels, quatre jours interminables, un bombardement qui dépasse tout ce que mon expérience de vieux guerrier pouvait concevoir. Hier en l'espace d'une heure nous avons reçu sur un front de trois cents mètres plus de deux cents grosses torpilles et quatre ou cinq cents marmites. Nos parapets sont éventrés, nos abris pulvérisés, nos hommes déchiquetés. Est-ce le prélude d'une attaque ou une simple démonstration destinée à nous impressionner pour empêcher tout déplacement de troupes ? Je ne sais. Ce qu'il y a de sûr c'est que nous subissons la plus terrible épreuve qui puisse être infligée à une troupe. Nous avons l'ordre de tenir coûte que coûte. Bien peu de nous en sortiront, ce sont les paroles prononcées hier par le général. Cette nouvelle ne constitue pas pour moi une bien douloureuse surprise, ayant fait depuis longtemps le sacrifice de ma vie. Que ma destinée s'accomplisse, elle me trouvera toujours vaillant et à mon poste d'honneur.

L'aumônier militaire a, paraît-il, prêché hier la résignation, c'est la première des qualités de l'officier et du chef. Notre rôle est de mourir ici pour permettre ailleurs des succès décisifs et certains, puissions-nous avoir la force d'aller jusqu'au bout du sacrifice.

XLIX

Aux Armées. *le 15 octobre 1915.*

Notre horizon s'est un peu éclairci et le bombardement a diminué d'intensité. Certes, nous sommes toujours copieusement arrosés, mais ce n'est qu'une légère averse en comparaison du déluge d'explosifs déversé par l'artillerie boche durant quatre jours. Nos tranchées sont méconnaissables et ont pris des allures chaotiques. Ce n'est plus qu'un ensemble de parapets écroulés, de coffrages pulvérisés d'abris effondrés. C'est le fruit de quatre mois d'efforts anéanti, et nous voilà redevenus terrassiers pour un long temps avant que d'avoir réparé le dommage. Malgré tout nous avons tenu le coup. Les boches ont essayé de sortir deux fois sans succès près de Lombartezyde. Dressés sur nos ruines, nous avons fait avorter leur tentative dans l'œuf. S'ils doivent réussir jamais, ils nous auront passé sur le corps.

Nous suivons avec anxiété notre course aux Balkans. Il ne faut pas se faire d'illusion, l'heure est très grave. Jamais depuis la Marne, la situation n'avait été aussi critique. La défaite diplomatique que nous venons de subir est complète.

L'effort allemand contre les Serbes nous surprend, c'est incontestable. J'en prends à témoin l'affolement de la presse anglaise et notre désarroi. Oui, l'attaque était prévue mais nous comptions faire jouer à notre profit les clauses du traité de Bucarest. Le danger bulgare devait être annihilé par l'intervention grecque et roumaine. Il est des circonstances où la bonne foi équivaut à la niaiserie, au suicide. Notre cas n'est pas absolument identique. mais y ressemble encore beaucoup trop.

Nous avons eu d'abord l'extraordinaire naïveté de négocier avec une nation, la Bulgarie, liée depuis plus de six mois par un traité en bonne et due forme avec nos ennemis. Ensuite, toujours cette même histoire qui nous a perdus tant de fois. Cette croyance indéracinable que la reconnaissance est monnaie courante entre les nations, que les sympathies dont nous jouissons de par le monde doivent suffire à nous procurer les concours nécessaires. Nous mourons d'une indigestion d'idéalisme. Les simples manifestations extérieures d'admiration et d'amitié des peuples grec et roumain ont suffi à notre quiétude. Nos intérêts étant les leurs, en face des appétits bulgares, nous nous sommes plus à nous persuader, la foi des traités aidant, que la Serbie trouverait des défenseurs dans ses alliés balkaniques.

La foi des traités, le bon droit, la justice, la civilisation, la reconnaissance, l'amitié, dire qu'à l'heure actuelle. nous en sommes encore là !

Ah.! ils sont beaux les résultats de cette belle naïveté ! La Grèce parjure se récuse et déclare caduc le traité de Bucarest ; la Roumanie apeurée se tient coi, la Serbie est déjà demi assassinée, et nous en voie de perdre le fruit de quinze mois d'efforts sanglants.

Il ne faut pas se le dissimuler, l'abstention grecque et roumaine nous surprend. En toute hâte, nous sommes obligés d'envoyer un corps expéditionnaire au secours des Serbes, dépassant toutes les prévisions tant par son importance que par les délais impartis pour son transport. Or, on ne transporte pas des centaines de mille hommes en quelques jours, il faut des semaines. Les Serbes résisteront-ils assez, arriverons-nous à temps pour empêcher la jonction des Bulgares et des Allemands ? toute la question est là, et la partie n'est rien que moins sûre en raison de la rapidité des heures.

L

Aux Armées, *le 23 octobre 1915.*

Retour de la tranchée. Séjour relativement calme, je veux dire par là rien d'extraordinaire, le bombardement habituel et journalier. Nos voisins les fusiliers marins ont eu moins de chance. Grosse alerte hier chez eux, avec de sensibles pertes.

Nous avons eu de tristes nouvelles de deux des bataillons du régiment qui ont pris part à la grande offensive, le 1er et le 6me. Le 1er a été complètement anéanti devant Arras, trois capitaines tués sur quatre, à peu près tous les lieutenants et tous les

adjudants sauf un. Ils formaient la première vague
irrémédiablement condamnée en ce genre d'opérations. Le 6ᵐᵉ était en Champagne, il a été également
très éprouvé. Il faut dire que c'est là le sort glorieux
mais sanglant réservé en général aux troupes exotiques considérées comme troupes de premier
choc.

Dans les Balkans, les événements ne confirment
que trop jusqu'ici toutes mes prévisions. Nous
avons commis des fautes capitales tant au point de
vue diplomatique que politique. Si elles ne nous
coûtent pas une victoire dont la certitude nous était
acquise, elles prolongeront certainement la guerre
pour un très long temps.

La Serbie est perdue ! Comme je le prévoyais,
nous n'avons pu arriver assez tôt pour la secourir
efficacement contre le danger bulgare qui lui a
porté le coup fatal. Réunirons-nous à temps des
masses suffisantes pour atteindre Sofia d'un seul
coup et barrer la route de Constantinople aux troupes Bulgaro-Austro-Allemandes dont la liaison est
inévitable, c'est notre seule chance de salut. La
réussite n'est rien moins que certaine, l'abandon de
Chypres à la Grèce par l'Angleterre en est le meilleur symptôme. Pour que l'avaricieuse Albion aban-
donne une de ces positions maritimes qui sont sa
force, disséminées un peu sur toutes les mers
comme autant de sentinelles, il faut qu'elle juge la
situation bien grave. Je souhaite de me tromper
mais j'ai peur que son offre si tentatrice soit-elle,
ne puisse galvaniser la Grèce. Celle-ci sent que les
boches ont jusqu'ici le bon bout dans les Balkans
et ne sortira pas de sa neutralité pas plus que la
Roumanie.

Qu'adviendra-t-il de tout cela, je préfère ne pas y
songer.

Pour nous élevons nos âmes à la hauteur des

périls nouveaux et préparons-nous à de suprêmes
efforts si nous voulons ne pas succomber. L'hiver,
le printemps passeront et bien des mois encore
avant que le cataclysme n'ait terminé sa carrière.

LI

Aux Armées, *le 4 novembre 1915.*

Nous venons de traverser encore une rude passe.
La journée du 1er, le Jour des Morts, a été pour nous
une journée d'épreuves.

Les Allemands se sont livrés à une manifestation
par le feu plus violente que toutes les précédentes.
Pendant une heure et demie nous avons été littéralement submergés sous une avalanche de torpilles,
d'obus et d'engins de toutes sortes. Nos défenses
ont été complètement détruites. Il y a eu de la casse,
quatre officiers sur six hors de combat dont un tué
et un amputé. Mes sections de mitrailleuses ont été
fort éprouvées. Pour moi, je ne saurais dire comment j'en sors intact. Ce miracle se renouvellera-t-
il souvent ? Je veux bien l'espérer et cependant
comment échapper sans cesse à tant de dangers !

LII

Aux armées, *le 11 novembre 1915.*

Suis dans la tranchée depuis une heure, au milieu
d'un marécage sans nom. Les boches sont très
agités. D'après certains renseignements, attendons
une attaque d'un moment à l'autre.

LIII

Aux Armées, *le 16 novembre 1915.*

Je descends de la tranchée après quatre jours
épouvantables passés dans un océan d'eau et de
boue. Tous nos abris sont envahis implacablement
par une eau qui vient du ciel et du sol. Nous ne

savons où poser nos membres transis et si nous ne périssons par le feu, nous périrons de misère dans ces marécages flamands.

Cependant je n'ai pas lieu de me plaindre. Il m'arrive un bonheur inespéré Au titre de plus ancien lieutenant de la Compagnie, je suis envoyé pour vingt jours aux Sables-d'Olonne suivre des cours spéciaux au centre des mitrailleurs. Me voilà donc sauvé de la fournaise pour un mois. C'est évidemment une chance et tous mes camarades m'envient. Je pars demain.

L'autre jour, je laissais prévoir une attaque. Jusqu'ici les boches n'ont pas osé, arrêtés par la violence de notre feu d'artillerie et notre attitude énergique.

LIV

Le 22 novembre 1915.

Suis aux Sables d'Olonne depuis deux jours. Après l'enfer d'où je sors, suis incapable d'avoir la notion des choses exactes au milieu de cette tranquillité. Le calme, le bien-être ont suscité chez moi une sorte de béatitude d'où je ne sors qu'avec regret. La pensée de la prochaine galère où il me faudra ramer de nouveau éveille chez moi comme chez tous une véritable frénésie de jouissance, avec l'impression de ne pouvoir profiter assez du lit, du linge blanc, du bain, de la bonne chère, des femmes qui sont ici fort jolies et sensibles à l'auréole guerrière.

Nous travaillons certes, beaucoup même, mais nous nous amusons dans une proportion au moins égale. S'il en est un pour nous jeter la pierre, qu'il ose donc ! Dans vingt jours ce sera de nouveau le froid, la pluie, le marais, la vermine, un enfer de feu où l'on doit succomber tôt ou tard.

LV

Les Sables-d'Olonne, *le 8 décembre 1915.*

Nous finissons d'étudier tous les types de mitrailleuses existant et surtout de nous familiariser avec l'emploi tactique d'une arme dont l'importance tend à dominer toutes les phases du combat. On crée compagnie de mitrailleuses sur compagnie. Il serait dans les intentions du haut commandement d'atteindre, paraît-il, l'effectif formidable d'une compagnie par bataillon soit trente-deux pièces par régiment. Il y en avait quatre au début de la guerre.

Voici le texte de ma citation à l'ordre du Corps d'Armée :

Faulong Léonce, sous-lieutenant à la Compagnie de Mitrailleuses. — Au cours d'un violent bombardement par engins et obus de tous calibres, par l'exemple de son courage et par son intelligente activité, a su maintenir haut le moral de ses mitrailleurs, et assurer leur action immédiate.

Je porte maintenant la Croix de guerre avec deux étoiles, vermeil et argent ; aucune nouvelle ne saurait, j'en suis sûr, vous réjouir davantage !

LVI

Paris, *le 18 décembre 1915.*

Me voici pour trente-six heures dans la Capitale, en route pour Dunkerque et le front. L'y suis d'ailleurs attendu avec impatience par mon capitaine car l'on s'y bat furieusement. En effet, les journaux annoncent que les boches ont l'air de préparer une grosse offensive sur Nieuport et le front de l'Yser en général, la présence de toutes les bonnes volontés est donc indispensable.

LVII

Aux Armées, *le 23 décembre 1915.*

Me voilà donc, à nouveau, dans ces lacustres régions des polders flamands, prototypes des plus ténébreux paysages, accablés sous le poids d'une tristesse si infinie que le soleil, semble-t-il, ne vient qu'à regrets y verser parfois de rares et pâles rayons.

J'y ai retrouvé cette atmosphère toujours barbouillée de cendre, dont les nuages bas déroulent près du sol leurs lentes traînées, limitant partout un horizon vite borné où la terre et le ciel se confondent en une même et terreuse couleur. Une pluie ténue, comme vaporisée, rapproche encore les grises murailles de cette prison de nuées, d'une chute si régulière, si continue, si implacable, qu'elle laisse l'angoissante impression de ne devoir finir jamais.

Oui, c'est bien ici le royaume de l'eau. Celle du ciel vient empressée, rejoindre sa sœur, celle du sol, aussi abondante, surgissant partout. Ce n'est pas l'inondation brutale, c'est l'envahissement perfide et sournois, à peine perceptible, mais dont le progrès s'accomplit lent et sûr, seconde par seconde, millimètre par millimètre. Ce brin d'herbe est couvert, puis un autre, puis un troisième, puis la motte entière, puis l'eau gagne ainsi peu à peu, et le boyau, et la tranchée et l'abri.

Nulle défense n'est possible contre un tel ennemi car il est à la fois partout et nulle part. Il faut le subir, noyé selon ses caprices, ici jusqu'à la cheville, là jusqu'aux genoux.

Mais..... cheville..... genoux..... sont-ce donc des hommes qui vivent dans ces marais et non des amphibies ? Ce sont des hommes, on le dit, si toutefois ce nom peut suffire à cette étrange espèce née de la guerre, qui, pour un principe, accomplit ce prodigieux miracle de renouveler après quelques mille ans de bien-être et de civilisation, la rude existence de l'ancêtre préhistorique. Elle a comme lui pour partage une habitation précaire, le froid, les intempéries, la vermine, une lutte incessante contre une bête féroce plus redoutable certainement que la griffe puissante de "l'Ursus Giganteus".

Des physiologues et des moralistes héroïquement vêtus de leur douillette au coin d'un bon feu, préparent sans doute, sur cette surprenante adaptation de longues et savantes études, destinées à faire plus tard la stupeur ou la joie du patient.

Oh ! poilu ! mon bon poilu ! toi si peu compliqué, d'une âme si simple et souvent si naïve, que de crimes l'on commettra, que d'hérésies et de mensonges l'on écrira en ton nom, d'éminents savantissimes qui t'auront vu dans ton milieu d'aussi près qu'ils ont vu le Broutosaure ou l'Iguanodon, ne manqueront pas de décrire avec force détails ton habitat et tes coutumes, ton état d'esprit, ta façon de vivre et surtout de mourir. Des politiciens et des économistes, non moins documentés, se feront les bruyants défenseurs de revendications dont ils t'attribueront, bon gré mal gré, la paternité officielle, pour s'en réserver une plus discrète mais plus effective et profitable. Tu auras beau protester, crier ton indignation, les protestations resteront sans effet, et d'aucuns, même nombreux, finiront par te démontrer que tu as tort. Excédé, peut-être, te souviendras-tu un jour de l'époque où écartant nos trop subtils diplomates, tu leur montrais combien en l'occurence, une solide baïonnette emmanchée au bout d'un solide bras éclaircit les situations difficiles mieux que tous les palabres. Saisissant alors une arme plus pacifique, un modeste balai, tu pourrais prouver à tous ces bavards, cette fois par expérience, " de visu " et de " tactu ", ce que vaut un poilu, un bon et honnête poilu dans l'action.

C'est la grâce que je te souhaite, ainsi soit-il.

LVIII

Aux Armées, *le 3 janvier 1916,*

Je viens d'arriver aux tranchées. Nous fêtons de

part et d'autre le début de l'an par une débauche de projectiles absolument insensée. Les boches nous ont fait leur cadeau le 1er au matin, trois cents torpilles environ en l'espace d'une heure plus les obus. Nous leur avons répondu hier par cinq cents torpilles, une pluie de crapouillots et quelques milliers d'obus. Le ciel et la terre étaient en feu. Je me demande comment nous arrivons à vivre dans un pareil enfer !

LIV

Aux Armées, *le 7 janvier 1916.*

Je ne sais comment je puis encore m'exprimer en langue française, au lieu de pousser de sonores " coin, coin " comme les trois canards de la chanson.

J'ai vingt centimètres d'eau par dessus mes bottes. C'est une situation assez incommode, pour manier la plume et le plus brillant académicien y perdrait sa verve et sa littérature. Pour moi, j'attends philosophiquement que mes extrémités inférieures en arrivent à l'état de glaçons. De cette façon on ne les sent plus : c'est une manière assez élégante de ne pas souffrir du froid aux pieds. Si mes calculs sont justes, je débite environ cinquante litres par heure. J'ai donc évacué de mon abri en quatre jours de tranchée, quatre-vingt-seize heures, 4.800 litres.

Je ne dois pas battre encore le record. Il est des abris où la pompe dont je me sers doit trouver des sources plus abondantes. Oh ! c'est tout à fait plein de charme et d'imprévu. Ainsi, le matin, mon ordonnance n'a plus besoin de risquer la mort pour quérir l'eau de ma toilette. Je l'ai chez moi, à tous les étages !!! le dernier confort, quoi. Au reste, c'est une eau très convenable, filtrée par le sable. J'y trempe ma serviette sans répugnance bien que j'ai connaissance de quelques macchabées établis dans un faible rayon. C'est dommage que la température soit si froide, je pourrais faire autrement d'agréables trempettes, prendre bain ou tub à mon choix. Quand le boche est tranquille et que je m'étends par hasard sur mes planches moëlleuses, j'entends le doux murmure de l'eau montant sous mes fesses et je sommeille au rythme de sa chanson. Puis, ce n'est pas tout. Le canal passe au pied de ma porte, comme à Venise. On l'appelait, paraît-il, boyau autrefois, évidemment c'était un anachronisme.

Malheureusement les gondoles ne sont pas encore là, c'est un peu gênant. Il faut savoir attendre, elles arriveront bien sûr, avec les guitares et les marquises. Ce jour-là nous inviterons le bon peuple des civelots si déshérité et jaloux à juste titre de ce luxe insolent. Quoi !... parfaitement... nous le savons par les journaux, allez !... dans la tranchée, on y est très bien. La pluie, le froid, les torpilles et les marmites, tout cela, c'est des histoires de mère grand. Tout de même, hein ! quels vilains cachottiers que ces poilus !

LX

Aux Armées, *le 19 janvier 1916.*

Je descends de la tranchée. Toujours autant d'eau et autant de torpilles. Je suis sale, c'est un poème, un poème de la boue. Ce séjour a été assez mouvementé. Hier, sept hommes tués, j'ai failli pour ma part être décapité par un obus. C'est encore pour une fois partie remise.

LXI

Aux Armées. *le 25 janvier 1916.*

Vous excuserez mes lettres trop espacées sans doute au gré de vos désirs. Nous traversons dans notre secteur une bien dure période. La journée d'hier a été particulièrement épouvantable. Nous avons subi pendant six heures un bombardement dépassant toute imagination. En ce court laps de temps une avalanche d'au moins trente-six mille projectiles de gros calibre s'est abattue sur nos positions, bouleversant nos tranchées et rasant nos parapets. Ce cataclysme suîvi d'une attaque ennemie étouffée dans l'œuf a semé évidemment dans nos rangs des deuils nombreux. On comptait à deux heures du matin deux cents tués ou blessés.

Notre seule consolation est d'avoir ravagé les rangs adverses dans une proportion supérieure encore. Cette action si glorieuse soit-elle ne peut malheureusement faire revivre les morts. Vous comprendrez sans peine qu'au milieu de cet effroyable bouleversement mon esprit ne soit pas avec vous. Ne m'en veuillez pas et que vos pensées soient toujours pleines du souvenir de tous ceux qui mènent ici pour votre sauvegarde une exis_tence dépassant en horreur tout ce que votre esprit ignorant de la guerre peut imaginer.

LXII

Aux Armées, *le 27 janvier 1916.*

Après trois jours d'un bombardement réciproque impossible à décrire, les deux adversaires soufflent de part et d'autre. Le communiqué avoue vingt mille projectiles sur notre secteur, on peut en mettre quinze mille de plus. Nos tranchées n'offrent plus qu'un informe chaos en face du chaos plus effrayant encore des tranchées boches. C'est le résultat de cinq mois d'efforts.

LXIII

Aux Armées, *le 31 janvier 1916.*

La tourmente est passée et voici que le duel sournois a repris comme de coutume. Certains

symptômes me laissent supposer que ce calme rela-
tif sera de courte durée. La parole est impuis-
sante à rendre les effets de la prodigieuse avalanche
d'explosifs qui s'est abattue sur nous durant six
heures. De 11 heures à 17 heures, environ cent projectiles à la minute ont été expédiés par l'artillerie
boche. Sur une profondeur de mille mètres, le terrain offre l'aspect de quelque chose totalement
étranger à notre planète. C'est une sorte de paysage
lunaire où se déroule une série de formidables
excavations se touchant bord à bord Le sol est tout
noir et comme brûlé : il s'effrite au toucher en une
poussière impalpable. Toute végétation a disparu et
pas une touffe d'herbe ne frappe l'œil. Nul cratère
volcanique ne donne à un tel degré l'impression
d'une terre morte, subitement tuée par quelque
cataclysme. C'est une vue difficilement supportable.
L'angoisse vous prend à la gorge et la peur aux
entrailles bien plus encore qu'en pleine fournaise.
Nos tranchées sont un chaos inextricable, un amas
sans nom de sacs éventrés, de fers tordus, de
madriers déchiquetés dressant en l'air leur cassure
d'un air désolé. Des équipements pleins de boue,
des effets maculés de sang, des fusils brisés trai-
nent dans la fange. Tout respire le massacre au
milieu de l'odeur putride que commencent à exhaler
les cadavres enfouis sous les abris et que l'on a pu
encore dégager.

La plus grande surprise des boches a été certainement de trouver quelqu'un de vivant dans nos
premières tranchées, et plus encore quatre de nos
mitrailleuses qui échappées par miracle à l'écrasement se sont bravement dressées sur les débris de
nos parapets. Leur action n'a pas peu contribué à
calmer l'ardeur teutonne et un grand honneur
rejaillit sur notre compagnie, des éloges unanimes
lui sont décernés. Une fois de plus les mitrailleurs

ont montré qu'ils savent combien il est de leur devoir de se faire tuer sur leurs pièces plutôt que de reculer ou de se rendre.

LXIV

Aux Armées, *le 24 février 1915.*

Retour de permission, j'ai trouvé ici la neige et une température sibérienne. Nous menons depuis deux jours un branle-bas insensé, les boches ayant l'air de vouloir tenter un débarquement pour tourner les lignes de l'Yser. Ils attaquent d'ailleurs en ce moment-ci sur tout le front et mènent contre Verdun une terrible offensive avec sept ou huit corps d'armée. Ils s'y font d'ailleurs massacrer de maîtresse façon Aux dernières nouvelles par T. S. F. tout va bien et c'est un nouveau charnier à ajouter aux précédents.

LXV

Aux Armées, *le 29 février 1916.*

L'activité fébrile continue dans l'organisation défensive du front de mer. On semble craindre de plus en plus une tentative nocturne de débarquement de la part des boches.

Les nouvelles qui nous parviennent aujourd'hui de Verdun ne sont pas brillantes. Il ne faudrait pas s'étonner d'un succès passager des boches. C'est là une bataille d'un mois, la plus effroyable que l'on ait jamais vue.

LXVI

Aux Armées, *le 4 mars 1916.*

Nous sommes toujours sur un qui-vive perpétuel. Une grande activité règne du côté d'Ypres où les boches semblent vouloir tenter une diversion jusqu'à la mer. Dans notre coin, l'artillerie tire beaucoup pour tâcher de détruire les préparatifs boches d'une attaque par les gaz. Nous attendons d'un instant à l'autre un terrible coup de chien. Des renforts nous sont arrivés. L'ère des grands chocs vient de s'ouvrir plus tôt qu'on ne le pensait, ce printemps sera un printemps rouge et combien de dizaines de milliers d'entre nous ne verront pas les splendeurs de l'été.

Aux dernières nouvelles Verdun tient bon, les boches semblent devoir échouer dans leur nouvelle tentative.

LXVII

Le 9 mars 1916.

Situation inchangée dans notre secteur. Très grande activité de notre artillerie. La flotte boche est venue croiser au large d'Ostende puis est rentrée de nouveau dans son repaire. Nous attendons toujours le fameux débarquement. Notre front de mer est devenu imposant et s'ils se hasardent à l'aborder, les boches peuvent s'attendre à recevoir une de ces piles qui comptent dans la vie d'une armée. La bataille de Verdun poursuit son cours et est loin d'être close. Ne perdez jamais courage même si l'ennemi obtenait un succès, il ne serait jamais que passager.

LXVIII

Le 16 mars 1916.

Nous avons hier administré aux boches une volée de six cents torpilles et de huit mille obus. Leurs tranchées de première ligne ont été rasées. La réponse, il fallait s'y attendre a été violente. J'ai à déplorer la mort d'un ami très cher, le lieutenant Vandeinheim avec qui j'avais fait mon service à Tarbes. J'ai eu la douleur de lui fermer les yeux et suis en pleurs depuis hier au soir. Ils étaient trois frères, tous les trois tués. Que vais-je écrire au malheureux père ?

LXIX

Aux Armées, *le 21 mars 1916.*

Le secteur est toujours très agité. Nous avons

encore perdu un officier hier et un officier aujour
d'hui. Trois officiers en cinq jours, sont pertes difficilement réparables en raison de la haute qualité des
disparus. Que le Destin rende à la terre des êtres
jeunes, ardents, pleins de vie, arrivés à ce degré de
maturité où une intelligence d'élite peut donner la
mesure de ces talents et préparer des voies triomphales à un avenir brillant, cela semble à nos
cœurs ulcérés une injustice si monstrueuse, que
d'un geste spontané les poings menacent le ciel où
les croyances des hommes ont voulu placer le
siège de la Providence. Nous crions à l'immoralité,
au règne du mal sur le bien, et la Divinité perd,
pour un instant sur notre esprit l'empire que lui
ont légué des siècles de religion et d'hérédité.

Et cependant, notre colère est-elle justifiée ? a-t-
elle seulement un objet ? Quelle est donc, en effet,
cette Providence ! et où sont les Dieux qui sur cette
terre millénaire l'ont successivement incarnée dans
l'esprit des hommes ? Je ne vois partout qu'un
ensemble de forces brutales et aveugles, de phéno-
mènes physiques et chimiques qui nous échappent
et que nous avons qualifié dans notre ignorance du
terme générique de Nature. Or, la Nature n'est ni
juste, ni injuste, ni morale, ni immorale, ni bonne,
ni mauvaise. Ce sont là des créations artificielles de
notre intelligence. La Nature est un ensemble de
forces, d'actions et de réactions qui tendent toutes
vers le même but, refaire sans cesse de la vie pour
que la somme des énergies totales reste toujours
constante.

Ainsi que l'a dit un philosophe, la conscience de
la Nature est celle d'une balance. Que peut bien lui
faire que le jeune disparaisse et que le vieillard
subsiste, que le fort mange le faible ou que le faible
mange le fort, que le juste tue le criminel ou que le
criminel tue le juste ! en réalité une vie a disparu

aux dépens de qui, dans le grand creuset, une autre vie s'agrandira. Dans un cas comme dans l'autre, l'énergie totale n'a été ni diminuée, ni augmentée, et c'est tout ce que veut la Nature.

Si je me permets ces considérations contraires à notre sentimentalisme et susceptibles de paraître étranges en raison des circonstances, c'est que je les estime seules capables de nous amener à cet état d'héroïque résignation où nous devons chaque fois nous réfugier en présence de la mort.

La mort n'est ni une récompense, ni un châtiment, elle est un simple incident du grand phénomène de la nutrition universelle. Ainsi Elle nous emporte les uns après les autres, puisse la victoire être le prix de tels sacrifices.

LXX

Aux Armées, *le 9 avril 1916.*

Depuis quinze jours, les mesures les plus sévères sont prises par le commandant local pour réprimer tout bavardage intempestif. Des répressions impitoyables frappent les contrevenants. Je reconnais moi-même la haute utilité de ces injonctions. Des indiscrétions parties on ne sait d'où, puisées peut-être dans nos conversations ou dans notre correspondance ont fait échouer ici en partie deux ou trois coups de main et coûté des morts inutiles. Cette dure expérience hélas ! nous a fait toucher du doigt combien il importe de modérer nos langues et nos plumes. Donc, à partir d'aujourd'hui je suis bien décidé à faire la guerre mais à ne pas en causer. Souvenez-vous de cette fameuse phrase : " Je suis toujours vivant " ! Elle sera désormais votre ordinaire.

Apprenez pour la dernière fois que ce secteur est très actif et que la lutte de tranchée à tranchée a revêtu un caractère d'une violence inouïe. L'ordre est de tenir l'ennemi en haleine et de lui causer sans trêve ni repos le plus grand mal possible.

LXXI

Aux Armées, *le 18 avril 1916.*

Sommes relevés du secteur. Partons au repos pour reprendre troupes en main et leur donner un peu d'allant. Sommes ensuite "division d'attaques" destinée je crois à Verdun. Envisageons cette éventualité d'un œil calme et nous préparons à bien mourir.

LXXII

Uxem, *le 20 avril 1916.*

Nous sommes cantonnés dans la région de Dunkerque, et logeons dans les fermes au milieu des champs, séparés du reste des humains. Le printemps est ici une bien pénible chose pour de jeunes gaillards venant de faire un séjour de dix mois dans les tranchées.

Les permissions sont suspendues. S'il faut en croire les derniers tuyaux nous sommes au repos pour un mois. L'on nous soumet à une instruction intensive ce qui signifie en terme militaire et en bon français qu'on nous engraisse pour la boucherie. Notre division est destinée en effet à être division d'assaut. Je sais d'ores et déjà à quoi m'en tenir, c'est la croix de bois assurée pour les trois quarts d'entre nous.

LXXIII

Le 5 mai 1916.

Toujours au milieu des champs. Hormis quelques fugues à Dunkerque ou à Malo, je vis on ne peut plus intimement "au sein de la belle nature". J'avoue humblement que ses charmes sont loin de m'émouvoir. Elle a ici des façons de se parer toutes spéciales et susceptibles de plaire uniquement à des goûts flamands. Ces braves gens emploient le plus clair de leurs journées à jeter dans les prés d'innommables engrais. Les senteurs printanières ont en ces lieux un imprévu et une originalité de haut goût. Puis tout y est laid, le paysage morne et plat, sans relief, toujours le même inlassablement ; les femmes hideux paquets croupissant dans la crasse.

En dehors de mes heures d'exercice, je n'ai qu'une distraction, celle de pêcher à la ligne dans les multiples canaux qui sillonnent l'humus de la plaine infinie. Après dix mois de tranchées, telles sont les joies dont je m'abreuve, c'est à se ronger les poings de désespoir. Pour égayer le tableau, sous le prétexte d'une préparation intensive, on nous abrutit de fatigue. De l'aurore à la nuit c'est une perpétuelle agitation que se partagent également les marches et les exercices.

Nous serions, parait-il, encore ici pour trois semaines, après quoi expédiés comme division d'assaut. Tant mieux, car je suis excédé de cette existence idiote. Je veux bien me battre mais non faire le métier d'une vieille culotte de peau.

LXXIV

Le 15 mai 1196.

Après quatre jours d'étapes, nous voici arrivés à destination. Nous sommes en pleine Somme dans une sorte de camp où l'on nous soumet à un entraînement intensif au moral comme au physique. Nous destine-t-on à la grande offensive ? Craint-on quelque chose dans le secteur anglais ? Quoiqu'il en soit, nous sommes certainement destinés à un grand coup de chien. Nous venons de recevoir cinq capitaines et un supplément de gradés très appréciable. Lorsqu'on encadre une troupe aussi fortement, inutile d'en dire plus long c'est qu'on la destine à de rudes assauts. Mon âme est sans crainte et j'attends que sonne mon heure dans une sérénité absolue.

LXXV

Le 23 mai 1916.

Toujours stationnés au même endroit. Notre existence s'écoule tristement dans la monotomie des jours également partagés entre la fatigue de marches et de manœuvres qui seraient peut-être moins pénibles, si l'incohérence du temps de paix y avait perdu ses droits. Notre destination future? Nous l'ignorons. Ce manque de nouvelles n'est pas d'ailleurs sans favoriser ceux qui prétendent être toujours parfaitement renseignés et dont l'imagination fertile peut fournir à toute heure une explication nouvelle. Tantôt nous sommes destinés à une prochaine offensive sur le front Lassigny-Roye, tantôt au contraire à une vigoureuse défensive destinée à contrecarrer les sombres projets boches sur le secteur précité, tantôt enfin destinés à soutenir et à compléter l'effort anglais. D'autres prononcent avec force le nom de Verdun de sorte que chacun peut selon ses goûts choisir son coin de bataille. Pour moi, je me soucie fort peu de cet abondant lâcher de canards, n'ayant aucune préférence pour ce morceau de la terre de France où la majeure partie d'entre nous dormira bientôt.

Nous sommes troupes de choc, l'on s'efforce avec frénésie de nous donner la meilleure forme, j'applaudis, l'heure de l'assaut peut venir, mon âme est sans crainte. Pour vous qu'étreint l'angoisse de l'amour paternel, appelez à votre aide les illusions. Comptez sur les ravages d'une artillerie toujours plus effroyable pour rendre moins dangereuse aux êtres chers la rude tâche par quoi ils doivent apporter la liberté au monde. Pour eux qu'a instruits la cruelle expérience de la guerre, ils savent très bien, trop bien hélas ! à quoi s'en tenir. Dans la ruée prochaine leur sang doit être le prix de votre libération. Ils voient la mort, la regardent et l'acceptent avec la froide résolution, la sérénité de l'honnête homme qui descend au tombeau dans la pleine satisfaction du devoir accompli.

P. S. — L'ordre arrive à l'instant, nous quittons Crèvecœur-le-Grand pour une destination inconnue. Nous embarquons ce soir à minuit.

LXXVI

Le 27 mai 1916.

Sommes à 30 kilomètres de Verdun. Serons engagés sans doute demain ou après-demain. Peu d'entre nous doivent en revenir. A la grâce de Dieu et vive la France !

LXXVII

Le 3 juin 1916.

Courage et ne vous étonnez pas du manque de nouvelles. Toujours en réserve, attendons avec confince l'ordre de marcher en avant.

LXXVIII

Aux Armées, *le 15 juin 1916.*

Nous voici de retour de la cote 304, voisine et rivale en horreur de ces charniers célèbres qui s'appellent Vaux ou Douaumont. Si l'imagerie populaire veut que le poilu soit par dessus tout hirsute et crasseux, nous devons être, j'imagine, l'idéal du type. Nous venons de vivre un long cauchemar de dix jours, blottis dans des trous d'obus, vautrés dans la fange et la pourriture de lieux où l'on s'égorge avec rage depuis quatre mois bientôt. Nous n'avons plus rien d'humain, véritables tas de glaise où se distingue à peine la face blême rongée de barbe mais étrangement illuminée par deux yeux de fièvre. deux yeux de souffrance et de fierté à la fois.

Ce que fut notre rôle? Le rôle insoupçonné de ces milliers de héros qui retournent lentement à la nature la face vers le ciel, sans que le sein de la terre ait pu s'ouvrir pour eux.

Nous avons fait le communiqué victorieux au prix de ruisseaux de sang et d'indicibles souffrances. Beaucoup de français ont pu lire sur les gazettes des 9 et 10 : « *Rive gauche de la Meuse, dans le secteur de la côte 304 très violent bombardement. Nous avons repoussé trois attaques.* » Eh bien, ce sont les tirailleurs et les zouaves qui ont joué le drame renfermé dans ces trois lignes d'un style militaire et glacial. Je me suis demandé souvent, et bien d'autres avec moi, si l'on avait à l'arrière une idée même très vague de ce que cachent d'épouvante et d'héroïsme ces simples mots : *attaque, bombardement.* J'en ai bien peur, le communiqué est devenu une habitude dans la curiosité, or qui dit habitude dit aussi indifférence. On le lit comme se lit le courrier théâtral, le compte rendu de la dernière pièce. sans y apporter l'exaltation, le recueillement indispensables à un culte, le culte de l'honneur et du courage reculés par notre race jusqu'aux extrêmes limites des vertus humaines. Oui, très violent bombardement. attaques repoussées, autant d'expressions qui représentent pour mon bataillon seulement cinquante mille projectiles reçus en six heures, des cratères énormes s'ou, vrant pour engloutir des escouades entières, trois cents hommes morts ou blessés, cinq officiers disparus. la tension nerveuse poussée jusqu'à la folie la volonté farouche de ne pas reculer, de triompher par la ténacité et l'esprit de sacrifice non seulement des hommes, mais des machines de mort et des puissances destructives asservies. Cela représente aussi dix jours d'un combat au couteau mené dans des lieux dont la vue seule suffit à terroriser les plus braves. L'enfer du Dante n'a pas de description comparable à celle qu'une plume avertie pourrait faire de ce mamelon labouré, couturé, crevassé par des millions d'obus, où de véritables cratères accolent leurs lèvres bord à bord. Pas un pouce de terrain qui n'ait été retourné des centaines de fois. Là où s'élevait autrefois un épais taillis, pas ombre de végétation, pas un brin d'herbe. Seule, l'argile éventrée étale sa chair jaune sale parsemée d'une pierraille crayeuse. Le sol est littéralement farci de cadavres qui pourrissent tantôt en dessus, tantôt en dessous, enterrés aujourd'hui, demain déterrés au gré de la fantaisie des obus. L'on vit avec eux, au milieu d'eux, il y en a partout figés dans des attitudes effroyables. Ici une main jaillit, là un pied, un dos, un ventre, toute la gamme des plus affreuses pourritures s'étale, depuis la chair fraichement mutilée jusqu'au cadavre qui achève de retourner au grand creuset. L'on marche et l'on enfonce dans une boue inommable, une véritable macération de débris humains, de terre et d'eau. Sur toute cette horreur un nom plane qui retentit comme un glas funèbre. Rien qu'à l'entendre le poil se hérisse sur l'échine dans un frisson, les visions les plus macabres surgissent aux yeux ; je veux parler du " ravin de la mort ". La cote 304 est en effet limitée au sud sur toute sa longueur, par une dépression profonde, un marécage qu'il faut obligatoirement traverser pour gagner la hauteur. Alors que le secteur était calme et la chose possible : rien n'a été organisé. Il n'y a pas un masque, pas un boyau pour gagner les emplacements de combat. Il faut passer à découvert, sur le tapis. Aussi les allemands ont la part belle pour rendre particulièrement difficile le ravitaillement, les relèves, l'évacuation des blessés, tout mouvement de troupe quel qu'il soit. Ils dirigent sur le ravin un tir de barrage qui n'a de cesse ni le jour, ni la nuit. C'est une véritable cascade d'obus, un rideau de fer et de feu dont le but est d'isoler la première ligne, de donner aux combattants cette impression effroyablement démoralisante que vivants ou blessés ils ne peuvent et ne seront jamais secourus. Voilà le pourquoi de ce qualificatif : le ravin de la mort. Le passer devient un problème, une sorte de défi jeté à la mort. Hélas ! le défi n'a que trop souvent une issue tragique. Ici les corps se touchent, entassés par endroit, des corps misérables, déchiquetés, pilés sans arrêt par la mitraille qui en sème partout les lambeaux épars.

La nuit, sous l'éclair fulgurant des obus, la vision de ce charnier est presque une menace pour la raison tant, on se sent défaillir d'angoisse et d'épouvante. Une odeur méphitique emplit l'atmosphère, l'air surchargé d'une pestilence condensée fait venir le cœur aux lèvres, c'est à peine si l'on respire. Des mouches énormes, en tourbillons, empoisonnent ce qu'elles touchent, les aliments deviennent un danger.

Et voilà, sans que s'y soit glissée une exagération née du désir malsain "d'épater", le tableau fidèle de ce qui a nom la cote 304. Que des milliers d'hommes aient pu pendant des mois y vivre, y travailler, y combattre et y mourir, ce sera là certainement dans l'histoire de l'humanité le plus grand sujet d'étonnement.

Nous devons retourner voir ces lieux maudits dans une dizaine de jours pour y laisser une fois encore la chair de notre chair, le sang de notre sang. C'est ce que l'on appelle en terme militaire, "user une unité". La métaphore est de haut goût. Après quoi, le bataillon complètement décimé sera renvoyé à l'arrière pour s'y reformer et attendre la prochaine boucherie.

LXXIX

Aux Armées, *le 21 juin 1916*.

Au repos pour quatre ou cinq jours encore, vraisemblablement. Après quoi nous irons revoir la cote 304 ou le Mort-Homme. La lutte y est toujours trop chaude et les pertes sérieuses de part et d'au_tre. Je compte toujours sur ma chance.

LXXX

Aux Armées, *le 21 juin 1916*.

Après quinze jours de repos, en route une deuxième fois pour le mamelon funèbre. La lutte y est plus rude que jamais.

LXXXI

Aux Armées, *le 5 juillet 1916*.

Toujours indemne. Viens d'être cité une troisième fois à l'ordre de la Division.

FAULONG Léonce, sous-lieutenant à la compagnie de mitrailleuse 8/2. — Officier de très grande valeur, faisant preuve en toutes circonstances de dévouement, d'abnégation et de froide bravoure. N'a cessé sous un bombardement des plus violents d'encourager par sa présence et son sang-froid les mitrailleurs de son peloton, et a pu ainsi, au moment de l'attaque ennemie, briser complètement l'élan de l'adversaire qui fut rejeté dans ses tranchées. — *(Ordre général n° 14, du 27 juin 1916)*.

LXXXII

Aux Armées, *le 7 juillet 1916*.

Après six jours de deuxième ligne où nous avons

eu d'ailleurs de sensibles pertes par le canon, nous voici sur le point de gagner la première ligne où la lutte continue toujours aussi acharnée. Les trois chiffres fatidiques de la cote 304 reviennent d'ailleurs dans les communiqués comme un " leit motiv " funèbre.

Nous remontons au charnier d'un cœur intrépide, soutenus par cette idée que notre sacrifice permet là bas, au nord, les offensives vengeresses. La compagnie entière vient d'être citée également à l'ordre de la Division pour sa belle conduite.

LXXXIII

AUX ARMÉES, *le 14 juillet 1916.*

Toujours en ligne. Nous souffrons le martyre.

Blessé grièvement le 18 juillet 1916, le lieutenant Faulong est évacué le 19 à l'Hôpital mixte de Vitry-le-François.

Quelques cartes écrites sous sa dictée, par l'infirmier qui le soigne, donneront succinctement son état de santé.

LXXXIV

HOPITAL MIXTE DE VITRY-LE-FRANÇOIS, *le 20 juillet 1916.*

Votre dépêche me laisse soupçonner un affolement tout à fait incompréhensible. Je suis blessé à la cuisse et au coude. La première blessure est peu de chose : une simple estafilade qui sera guérie en trois semaines. La deuxième bien que grave ne me met nullement dans l'éventualité de perdre le bras droit. L'éclat d'obus a coupé par le tranchant les muscles au-dessous de l'articulation du coude. Voici d'ailleurs le diagnostic du chirurgien : « *Fracture du cubitus avec atteinte de l'olécrâne.* ». Par consé-

quent, il ne faut pas désespérer. Rien ne dit que je ne conserverai pas sinon la totalité, du moins une partie de l'usage de mon bras.

Je ne vois nullement la nécessité de vous faire faire un voyage inutile ; toutefois, si une aggravation survenait, je verrais de vous en avertir.

LXXXV

VITRY-LE-FRANÇOIS, *le 30 juillet 1916.*

La plaie de mon avant-bras au lieu d'aller en s'améliorant a donné hélas ! des complications auxquelles on ne s'attendait pas. Depuis deux jours je souffre beaucoup et la fièvre est revenue. Il est vraisemblable que je dois faire du pus dans quelque recoin de mon articulation. Je passe donc demain sur la table d'opération. Espérons que tout ira bien.

LXXXVI

VITRY-LE-FRANÇOIS, *le 2 août 1916.*

L'opération est heureusement terminée. Le chirurgien a été obligé de faire la résection de l'extrémité des deux os de l'avant-bras pour éviter des complications plus sérieuses encore.

Il faut attendre maintenant les suites : si tout marche à souhait j'en serai quitte pour une certaine raideur de l'articulation, ce qui ne m'empêchera pas de continuer à exercer ma fonction.

Evidemment je souffre encore beaucoup, les moments du pansement sont durs à passer. On me permettra de me lever sous peu, dès que ma cuisse ne courra plus de danger d'infection.

LXXXVII

VITRY-LE-FRANÇOIS, *le 14 août 1916.*

Trois mots de la main gauche qui me coûtent un effort incommensurable. Ma plaie va paraît-il très bien ce qui ne m'empêche pas de passer des nuits

blanches et de souffrir beaucoup. Depuis hier on a eu raison du pus qui restait dans l'articulation. L'humérus et le cubitus se recouvrent peu à peu.

A part cela rien de nouveau. J'ai fait hier mes premiers pas dans la cour, ils ont été triomphants.

LXXXVIII

VITRY-LE-FRANÇOIS, *le 30 août 1916.*

Mon bras a subitement enflé. Je me trouve enfermé dans une sorte de dilemne, le chirurgien se refusant à laisser cicatriser ma plaie avant que mon bras ait repris sa grosseur normale. En présence de cette situation, j'ai toujours peur qu'une nouvelle intervention soit nécessaire.

Il ne faut pas espérer mon évacuation sur l'intérieur avant trois semaines au moins. Le chirurgien se refuse en effet à me lâcher avant que je sois hors de danger.

Voici le texte de ma 4ᵉ citation qui vient de m'être décernée à l'occasion de ma blessure.

FAULONG Léonce, lieutenant au 8ᵉ régiment de marche de Tirailleurs. — " Officier de mitrailleurs très brave, faisant montre en toutes circonstances de belles qualités militaires. Blessé très grièvement le 18 juillet 1916 alors que sous un bombardement très violent par obus de gros calibre, il s'assurait en parcourant les tranchées, que les mitrailleurs de son peloton étaient tous prêts à entrer en action. Déjà cité trois fois à l'Ordre ".

J'ai eu de mauvaises nouvelles de mon régiment. Mon bataillon est resté presque tout entier sur le carreau pour reconquérir sur la rive droite, les ruines de Fleury.

LXXXIX

VITRY-LE-FRANÇOIS, *le 18 septembre 1916.*

Le Secrétaire du Médecin-Chef vient de m'annon-

cer qu'il y a demain un train permanent pour Paris
et que je suis inscrit sur la liste des évacués
sur l'intérieur. La satisfaction d'aller dans un centre où je suis sûr de trouver des installations méca-
nothérapiques parfaites, des médecins compétents
est atténuée par la désagréable perspective de ne
pas me rapprocher de vous. Enfin, la convalescence
viendra bien un jour et c'est avec une joie profonde
que j'irai me retremper dans ce cher Magnoac. Ma
plaie se ferme à grand pas. L'enflure diminue peu
à peu. La question de mon articulation reste le
point délicat. Le chirurgien m'a laissé entendre
aujourd'hui que je ne dois pas espérer une grande
amélioration.

XC

HOPITAL 160, HOTEL MAJESTIC A PARIS, *le 24 septembre 1916.*

Je suis à Paris depuis lundi l'hôte du " Majestic "
où j'ai trouvé, jointes à un accueil bienveillant, les
satisfactions matérielles fort sensibles à un ardent
épicurien.

Je suis arrivé en quelque sorte ici pour trouver
sur ma table l'avis officiel du Ministère de la Guerre
me faisant Chevalier de la Légion d'honneur en date
du 11 septembre 1916.

FAULONG Léonce-Calixte, lieutenant au 8e régiment de marche de Tirailleurs. — Officier mitrailleur
très brave qui a fait preuve en toutes circonstances,
de remarquables qualités. A été très grièvement
blessé le 18 juillet 1916, alors que sous un bombardement des plus violents, il parcourait les tranchées pour s'assurer que tous les mitrailleurs de
son peloton étaient à leur poste de combat.

La présente nomination comporte l'attribution de
la Croix de guerre avec palme.

Je m'en voudrais de cacher la joie que j'ai puisée

dans cet événement, toutefois, si grande soit-elle, je suis bien sûr que la vôtre est encore supérieure, je m'en réjouis ayant toujours cherché dans mes actes d'homme fait, le moyen de vous procurer les satisfactions auxquelles vous avez droit. Je m'empresse de vous dire que la cérémonie officielle qui me vaudra l'accolade de quelque brave général aura lieu, il est probable dans quinze jours, lors d'une prise d'armes aux Invalides.

C'est à Meknès, le 30 avril 1920, qu'un effroyable accident enleva à l'affection des siens, M. Calixte Faulong.

Il serait vain de faire ici l'éloge de celui dont la carrière déjà brillante était ainsi fauchée en plein essor.

Les discours prononcés à Rabat à l'issue de la cérémonie religieuse et ceux prononcés à Castelnau. Magnoac sa ville natale, le jour de l'inhumation, diront à tous, l'estime qu'il avait de ses supérieurs et de ses amis, pour sa droiture et ses qualités de cœur.

A RABAT

Discours de M. SICOT,
Directeur intérimaire des Affaires Civiles

Messieurs,

La tragédie douloureuse et rapide qui nous réunit autour de cette tombe vous laisse stupide et désemparé. L'esprit doit se faire violence pour qu'il lui soit possible de concevoir que l'être, quitté la veille encore en pleine vitalité, soit là, inanimé, éternellement immobile, et les mots sont impuissants et vides devant un fait qui paraît irréel.

Cette mort a jeté la consternation partout, mais son

effet douloureux n'a été ressenti nulle part avec plus d'acuité qu'à la Direction des Affaires Civiles, où Faulong occupait une place si naturellement grande.

Faulong, docteur en droit et diplômé de l'Ecole des Sciences Politiques, était entré dans la carrière des contrôles, comme Contrôleur Civil stagiaire en Tunisie en décembre 1911 ; il y avait été promu Contrôleur Civil suppléant de 3ᵉ classe le 15 juin 1914 après avoir été reçu à l'examen d'aptitude administrative avec le nᵒ 1.

La guerre le surprenait dans cette fonction. quelques semaines plus tard. et sa poitrine pouvait dire à tous. les heures glorieuses et terribles qu'il y avait vécu.

Grièvement blessé et inapte au service, il était mis à la disposition du ministère des Affaires étrangères le 7 février 1918. Il demandait, peu de temps après, à entrer dans le corps des Controles Civils marocains où il était admis le 15 juin 1918, en qualité de Contrôleur Civil suppléant de 2ᵉ classe.

Si court qu'ait pu être son passage dans la carrière tunisienne, il avait pu déjà y affirmer sa personnalité de façon, telle que le Résident Général de Tunisie, M. Alapetite, ne consentait à s'en séparer qu'en raison de sa brillante conduite pendant la guerre.

Attaché provisoirement à la Direction des Affaires Civiles dès son arrivée au Maroc, il y manifesta immédiatement ses belles qualités de travail et d'intelligence, qui déterminaient son maintien à ce poste où il venait d'être promu à la première classe de son grade.

M. de Tarde qui, le premier, a su apprécier la valeur de Faulong, vous aurait exprimé mieux que je ne saurais le faire, l'étendue de la perte que viennent de subir la Direction des Affaires Civiles ainsi que le Corps des Contrôles et sa douleur doit être immense de ne pou-

voir dire aujourd'hui sur la tombe de celui qui lui fut si fidèlement dévoué, ce que furent ses heures de collaboration intime.

Faulong n'était pas de ceux auprès de qui on peut vivre indifférent. Son caractère ardent et passionné, sa droiture, son admirable esprit du devoir faisaient de lui une figure pour laquelle il était impossible de ne pas avoir d'estime et d'affection.

Il a assumé à la Direction des Affaires Civiles une tâche lourde, que ses chefs comme ses subordonnés ont pu connaître et qui a nécessité de sa part à de certains moments, une énergie peu commune dans le travail, et qu'il eût été difficile de surpasser.

Il avait un amour profond de ses fonctions auxquelles il se donnait, tout entier, ainsi qu'il faisait tout — ne connaissant pas les demi-teintes — Il n'est pas de questions de principe touchant l'avenir du Corps des Contrôles qui lui était tant à cœur, qui aient été traitées, sans qu'elles aient conservé la trace de ses vues personnelles. Il manifestait dans ses travaux une clarté remarquable d'esprit, des connaissances juridiques profondes, un style vigoureux qui donnaient à sa collaboration une valeur exceptionnelle.

Son empreinte demeurera profonde dans cette maison de Contrôle, à l'édification de laquelle il a travaillé avec toute l'ardeur de son tempérament, et où l'avenir lui réservait une place prééminente.

Le voilà donc parti, laissant derrière lui un vide affreux qui ne sera jamais comblé dans le cœur de ceux qui l'ont connu, pour qui il était d'une amitié si sûre, si fidèle... Son souvenir demeurera vivant parmi nous, il y servira d'exemple et il y sera cultivé avec ferveur.

Au nom de tout le personnel de la Direction des Affaires civiles, du Service des Contrôles au nom de M. de Tarde et de ses amis personnels, je m'incline

respectueusement devant la douleur de sa jeune veuve et je m'associe par le cœur à son père vénéré qui pleure tout seul là-bas dans sa maison désolée.

Allez en paix, mon cher Faulong, entrez dans l'éternité avec la sérénité de votre âme si pure et si droite. Adieu

---

Discours de M. Urbain BLANC,
Délégué à la Résidence Générale

M. Urbain Blanc, qui a connu en Tunisie le regretté défunt, vient lui aussi, d'une voix émue rendre un dernier hommage à cet ami fidèle, qui recouvrait comme d'une armure solide les sentimens les plus élevés

Le délégué général rappelle quelques souvenirs personnels.

Lorsque la guerre éclata, le Résident général en Tunisie qui voulait garder Faulong auprès de lui, le fit appeler et lui dit : « A chacun son poste de combat. Ici vous servirez bien la France ».

— « Il y a plusieurs façons de comprendre son devoir, repartit Faulong, et plusieurs façons de servir la France. J'ai trente ans, je choisis la plus périlleuse ».

Et il partit au front, adoré de ses tirailleurs, et il donna son sang et sa jeunesse, comme on jette une fleur.

M. Urbain Blanc termine en s'inclinant respectueusement devant la douleur de la jeune veuve.

Discours de M. CORTADE,
Contrôleur Civil de Rabat

Messieurs,

Je viens à mon tour et comme doyen du Contrôle Civil, rendre un dernier hommage à la mémoire de notre infortuné camarade.

Que vous dirais-je que vous ne sachiez aussi bien

que moi. La vie de Calixte Faulong tient toute dans une formule : le culte passionné de l'honneur et du devoir.

J'ai rarement rencontré une nature aussi éprise d'idéal si droite, si ennemie de la duplicité, si ardemment généreuse et aussi inaccessible à tout ce qui n'était pas marqué au coin de l'honneur même. Avec cela, douée d'une intelligence brillante, avide de tout savoir et capable de tout comprendre.

Originaire de la partie la plus retirée et la plus traditionnaliste de Gascogne, pays où la gloire prime tout, où l'esprit et le savoir sont particulièrement honorés, ou une belle action vaut mieux que toutes les richesses, Faulong, trempé aux sources vives de traditions était le pur représentant de cette race ardente, aussi habile à bien tenir la plume qu'à manier l'épée et dont les exploits, a tous les âges, ont enrichi l'Histoire de la France.

C'était un Gascon, dans l'acception la plus vraie et la plus honnête du mot :

Honorable par dessus tout, instruit jusqu'à l'érudition, brave jusqu'à la témérité, il a aussi brillamment occupé sa place dans l'Administration comme Contrôleur suppléant, que comme officier sur le front, à la tête de sa section.

Je me rappelle la forte impression que me fit sa première visite. Il venait de se battre, avait été blessé très grièvement et souffrait encore de sa glorieuse blessure. Mais il portait, avec une crânerie toute militaire et un bel orgueil français, la tenue de lieutenant de tirailleurs. Sa croix de la Légion d'Honneur accompagnée d'une Croix de guerre, chargée de palmes et d'étoiles, disait assez sa belle conduite pendant la guerre. Tandis que je lui en faisais compliment, il m'arrêta aussitôt avec cette vivacité qui lui était particulière pour me faire remarquer qu'il n'y avait aucun mérite à se souvenir que l'on était Français quand la Patrie était en danger.

Ah ! Messieurs, comme ces sentiments honorent ceux

qui les professent et comme ces montées de sève française sont bien faites pour ennoblir les cœurs et vivi-
fier les esprits. Ceux qui y puisent leur courage sont
les bons citoyens qui constituent la véritable élite et
que l'on trouve toujours les premiers dans le chemin
de l'honneur et du devoir. Ils y marchent sans défaillance, la tête haute, le regard clair, semant le bel
exemple et relevant les courages affaiblis.

Tel a été notre regretté camarade. Il était permis à
cette nature d'élite, à ce bel esprit d'être ambitieux et
de parcourir rapidement les carrières les plus brillantes. Mais la fatalité impitoyable, dans sa course
aveugle, a brisé d'un coup d'aile cette belle énergie et a
semé le deuil, là où les premières joies venaient à peine
d'éclore. Notre infortuné camarade a été la victime
du destin fatal. En quittant cette terre pouvait-il laisser
autre chose que des regrets sincères et des affections
profondes. Je n'en veux pour exemple que l'empres-
sement de cette assistance qui témoigne assez par son
recueillement et son émotion des sentiments qu'elle
éprouve,

Puissent ces manifestations apporter quelques adou-
cissements aux souffrances de parents éplorés et d'une
épouse brisée par la douleur.

Et maintenant, bien cher ami, au nom de tous vos
camarades auxquels vous laissez votre vie pour exemple, au nom du Contrôle Civil que vous avez si profondément honoré, adieu à jamais, adieu pour toujours.

A CASTELNAU-MAGNOAC

Discours de M. LARTET,

Mesdames, Messieurs,

Nous voici à nouveau réunis dans ce cimetière où
chacun de nous vient à son tour accompagner les siens.

Puisque tous nous devons disparaître, nous nous

habituons sans la craindre, à cette idée de la mort, attendant le moment de venir prendre ici, la place que nous connaissons, dans ce lieu où nous ont précédés nos aïeux et où nous suivrons demain nos enfants.

Et malgré tout notre courage, nous ne pouvons pas manquer d'être plus cruellement frappés, quand celui à qui on vient rendre les derniers devoirs, est, sans qu'on puisse s'y attendre, sans que rien puisse le faire prévoir, arraché brutalement à la vie en pleine jeunesse.

C'est le cas de notre ami, Calixte Faulong. Au nom de tous ses camarades d'enfance, au nom aussi des nombreux amis de sa famille, je viens par amitié et par devoir, lui dire un dernier adieu.

Il serait superflu de faire son portrait. Nous le con_naissions tous. Les exigences de la vie, l'avaient obligé à vivre loin du Magnoac mais chaque année, par amour des siens et de son pays qu'il aimait peut-être d'autant plus qu'il en était éloigné, il revenait parmi nous Et pendant toutes les vacances, en chasseur infatigable, il parcourait les plaines et les collines que nous apercevons devant nous. heureux de se livrer non pas tant au plaisir de la chasse; mais surtout, de reprendre contact avec tous les coins du sol natal.

Au retour de ces promenades, il venait retrouver ses amis et quel est celui de nous qui n'a pas apprécié le charme de sa conversation et qui ne lui doit pas d'avoir vécu dans son commerce des heures délicieuses. Sous un aspect plutôt rude, ce grand garçon au teint bruni par le soleil d'Afrique, et froid, mais d'apparence seulement, était le meilleur des cœurs et le plus fidèle et le plus généreux des amis.

Nous l'avons tous apprécié, et partout où il est passé il a laissé le souvenir d'un homme juste, droit et bon.

Calixte Faulong n'a pas eu la mort glorieuse qu'il méritait. Un plomb stupide l'a arraché à la vie, alors que de 1914 à 1918, il avait donné les preuves d'un courage remarquable. Sa bravoure, sa folle mais admirable témérité, lui avaient valu l'estime de ses chefs, cinq citations et la Croix de la Légion d'Honneur.

Pendant la guerre, la mort n'en a pas voulu ! Elle l'a simplement effleuré en le mutilant, et n'est ce pas pour se venger de l'avoir si fréquemment bravée et de s'être exposé à elle sans compter sur tous les champs de bataille, qu'elle lui réservait cette fin si cruelle. Il a eu en revanche, la consolation de mourir entouré des soins tendrement affectueux, mais hélas ! inutiles et vains de sa femme.

A vous Madame, en mon nom personnel et au nom de tous les amis de votre mari, je vous adresse l'expression de toute notre douleur et de tous nos regrets.

Et vous, Monsieur Faulong, qui avez fait preuve du plus grand courage quand je vous ai appris la mort de votre fils que vous chérissiez tant, vous pouvez maintenant, verser des pleurs sur son cercueil.

Et toi, mon cher Sylvain, mon vieil ami, toi qui vis loin du pays qui nous a vu naître, voilà une tombe qui t'attache au sol natal.

Calixte, je vais maintenant te dire adieu ! Toi qui aurais pu avoir pour tombeau tous les champs de bataille, ceux de Belgique et de l'Yser, ceux de Lorraine et de Champagne, ceux de la Somme et de la Marne, ceux de Verdun, tu reposes dans la terre du Magnoac, tout à côté de tes amis. Ils ne sauraient t'oublier. Et en leur nom, je donne l'assurance à ta famille, que tu nous quittes emportant les regrets, l'estime et la sympathie de tous ceux qui t'ont connu.

Discours de M. ABADIE,

Mesdames, Messieurs,

Heureux ceux qui meurent jeunes disaient les Anciens ! Ils s'en vont couronnés de fleurs, n'ayant connu que les sourires de la vie !

Cette sagesse ne saurait être la nôtre, car ce que

nous aimions tous dans Calixte Faulong, c'était l'ardeur brillante de l'imagination, les battements généreux du cœur, les belles témérités de caractère, ce qui fait le charme même de la vie. Et nos cœurs se serrent au spectacle poignant d'une destinée cruelle, qui en brisant les plus beaux rêves d'avenir de notre ami, le ravit aussi à nos plus chères espérances !

L'amour de l'étude que je constatais à mon arrivée à Castelnau, dans le jeune gamin de neuf ans qu'était alors Calixte Faulong, ne se ralentit jamais. Ces brillants succès universitaires, résultante d'un travail passionné, servi par une intelligence d'élite, lui valurent pour ses débuts administratifs, un poste de confiance auprès du Gouvernement du Protectorat tunisien. Là, il montra la mesure de ses moyens. Esprit perspicace, organisateur avisé, il devint bientôt l'un des collaborateurs du Gouverneur Général, M. Alapetite — appréciateur compétent de ses brillantes facultés — que l'expérience des hommes et des choses allait encore fortifier.

Mais l'orage éclate en Europe. A la voie du tocsin de France, sonnant l'appel de ses enfants à l'heure du suprême danger, Calixte Faulong, engagé volontaire, quitte cette terre africaine pour venir offrir son épée et son sang à la mère patrie !

Ce chemin tragique, des Flandres au plateau lorrain, le jeune lieutenant du 8e tirailleurs le parcourt pendant trois ans avec l'âme même de la France — étonné de reculer après Charleroi, consolé de mourir à la Marne puisque l'ennemi reculait, résolu de tenir jusqu'au bout dans cet enfer de sables mouvants, de mitraille et de feu qui s'étendait des rives de l'Yser aux avancés de Verdun ! La Croix de la Légion d'Honneur fut la rançon du sang si généreusement offert !

Ce fut pour ton vieux maître, mon pauvre Calixte, mon glorieux mutilé de la côte 304, une minute d'émotion bien intense, quand il pressa sur sa poitrine, dans une accolade d'admiration, ta poitrine toute constellée de ces témoignages de bravoure et d'héroïsme pour lesquels le soldat français se fait si gentiment tuer. Et j'associais alors à ton nom, dans une pensée de commune gratitude, celui de tous ces jeunes hommes que Castelnau pleure, mes élèves pour la plupart, tes camarades d'enfance, certains tes amis de toujours, tombés là-bas, victimes d'un idéal, victimes de leur devoir. La France de la défaite a rejeté ses voiles de deuil, la France de la victoire apparaît à nos yeux dans une auréole de gloire, mais ces visions d'hier, nous les garderons religieusement au fond de nos cœurs !

Pour la deuxième fois, Calixte Faulong, regagne cette terre d'Afrique, afin de consacrer toute son intelligence, tout son dévouement, à la rénovation économique et sociale de notre nouvelle possession marocaine. C'est là, en sortant de la fournaise, où tu frolas la mort tous les jours, pendant de longs mois, qu'un plomb stupide vint briser les liens les plus tendres, fit évanouir les espoirs les plus chers et les plus doux !

Je n'essayerai pas, par de vaines paroles, de porter une atténuation à la douleur, que je partage et devant laquelle je m'incline, de ta jeune compagne sitôt désemparée, de ton père dont tu fus la joie la plus pure, et l'orgueil le plus légitime, de ton frère aimé !

Que le souvenir de tes précieuses qualités, soit la consolation de ceux qui restent et qui pleurent !

Je crois répondre à l'inspiration la meilleure de ta nature élevée, en portant l'appui de nos sympathies affectueuses et attristées à des douleurs qui ne se consolent pas !

Calixte Faulong, adieu !